Inhotim
arquitetura, arte e paisagem
architecture, art and landscape

Fernando Serapião

Editora Monolito
2015 / São Paulo
2ª edição atualizada
2nd revised edition

colaboradores
contributors

Fernando Lara

Professor na Universidade do Texas em Austin (EUA), onde dirige grupo de pesquisa sobre arquitetura latino-americana, Lara nasceu em Belo Horizonte. Para este volume, ele analisou a arquitetura dos pavilhões. É coautor de *Modern Architecture in Latin America* (University of Texas Press, 2015).

Professor at the University of Texas at Austin (USA), where he heads the research group on Latin American architecture, Lara was born in Belo Horizonte. For this edition, he analyzed the architecture of the pavilions. He is the co-author of *Modern Architecture in Latin America* (University of Texas Press, 2015).

Fernando Serapião

Crítico de arquitetura e editor da revista *Monolito*, Serapião escreveu sobre a história de Inhotim após visitar quatro vezes o instituto. Em 2012 recebeu o prêmio Jabuti pelo livro *A arquitetura de Croce, Aflalo & Gasperini* (Paralaxe, 2011).

Architecture critic and the editor of *Monolito*, Serapião wrote about the history of Inhotim after four visits to the institute. In 2012, he received the Jabuti Award for his book *A Arquitetura de Croce, Aflalo & Gasperini* (Paralaxe, 2011).

Guilherme Wisnik

O crítico de arquitetura paulistano analisa o pavilhão desenhado por Rodrigo Cerviño Lopez. Professor da Universidade de São Paulo e curador da Bienal de Arquitetura de São Paulo, Wisnik é autor de *Estado crítico: à deriva nas cidades* (Publifolha, 2009).

The architecture critic from São Paulo analyzes the pavilion designed by Rodrigo Cerviño Lopez. Professor at the University of São Paulo and curator of the São Paulo Biennale of Architecture, Wisnik is the author of *Estado crítico: à deriva nas cidades* (Publifolha, 2009).

Leonardo Finotti

Autor da maioria das fotos desta edição, Finotti é entusiasta do museu. Especialmente para esta edição, o fotógrafo mineiro registrou a bruma matinal de Inhotim, que desaparece quando os visitantes chegam. Em 2014, publicou *Futebol: Urban Euphoria in Brazil* (Lars Müller, 2014).

The author of the majority of the photos in this issue, Finotti is a fan of the museum. Especially for this edition, the photographer from Minas Gerais took snapshots of the morning fog over Inhotim, which dissipates upon the arrival of visitors. In 2014, he published *Futebol: Urban Euphoria in Brazil* (Lars Müller, 2014).

 www.editoramonolito.com.br

Editora Monolito
Av. 9 de Julho, 5049, 9º andar 01407-200
São Paulo-SP
Tel (55) 11 3213 4579

Editor Editor in chief Fernando Serapião
Diretora executiva Executive director Alessandra Ramos Serapião
Projeto gráfico Design layout Didiana Prata
Arte Art Prata Design (Didiana Prata, Gabriela Wu), Juliana Mota e Reinaldo Higa
Colaboradores Collaborators
    Textos Texts Fernando Lara, Fernando Serapião e Guilherme Wisnik;
    Marcos Luiz Fernandes (**revisão e preparação** review);
    Mauro de Barros (**revisão** review); Christian Dore (**tradução** translation)
    Fotos Photos Leonardo Finotti
Impressão Printing Ipsis Gráfica e Editora

Inhotim: arquitetura, arte e paisagem Inhotim: architecture, art and landscape
Capa e 4ªcapa Cover and 4ᵗʰcover Leonardo Finotti

Dados Internacionais de Catalogação na Publicação (CIP)
(Câmara Brasileira do Livro, SP, Brasil)

Inhotim: arquitetura, arte e paisagem = Inhotim: architecture, art and landscape / [textos/texts Fernando Lara, Fernando Serapião e Guilherme Wisnik ; Christian Dore [tradução/translation]; fotos/photos Leonardo Finotti]. – 1. ed. atual. – São Paulo: Editora Monolito, 2015.

Edição bilíngue: português/inglês.
Bibliografia.
ISBN 978-85-66275-02-5

1. Arquitetura 2. Arquitetura – Projetos e plantas 3. Arte contemporânea 4. Ensaios fotográficos 5. Instituto Inhotim – Brumadinho (MG) 6. Paisagismo I. Lara, Fernando. II. Serapião, Fernando. III. Wisnik, Guilherme. IV. Finotti, Leonardo.

15-00371   CDD-725.8042098151

Índices para catálogo sistemático:

1. Brumadinho: Minas Gerais: Instituto Inhotim: Arquitetura, arte e paisagem
725.8042098151

sumário
contents

Mapa **Map**	6
Perfil **Profile** Fernando Serapião	8
Ensaio fotográfico **Photographic essay** Leonardo Finotti	34
Ensaio **Essay** Guilherme Wisnik	68
Crítica **Critic** Fernando Luiz Lara	70
Projetos selecionados **Selected projects**	144

Galeria Adriana Varejão 58

Galeria Cosmococa 102

RODRIGO CERVIÑO
Galeria Adriana Varejão	58

ARQUITETOS ASSOCIADOS
Galeria Doris Salcedo	80
Centro Educativo Burle Marx	84
Galeria Miguel Rio Branco	94
Galeria Cosmococa	102
Galeria Claudia Andujar	110

RIZOMA
Loja botânica	120
Restaurante Oiticica	122
Galeria Lygia Pape	126
Galeria Tunga	130

PLAY ARQUITETURA
Pavilhão Marilá Dardot	138
Pavilhão Carlos Garaicoa	142

Galeria Lygia Pape 126

Pavilhão Carlos Garaicoa 142

Galeria Adriana Varejão	1
Galeria Doris Salcedo	2
Galeria Miguel Rio Branco	3
Galeria Cosmococa	4
Centro Educativo Burle Marx	5
Galeria Claudia Andujar	6
Nova recepção	7
Loja botânica	8
Restaurante Oiticica	9
Galeria Lygia Pape	10
Galeria Tunga	11
Pousada Inhotim	12
Beam drop Inhotim (Chris Burden)	13
Palm Pavilion (Rirkrit Tiravanija)	14
Galpão Cardiff & Miller	15
Galeria Lago	16
Galeria Praça	17
Galeria Cildo Meireles	18
Galeria Fonte	19
Espaço Tamboriu	20
Galeria Mata	21
True Rouge (Tunga)	22
De lama lâmina (Matthew Barney)	23
Sonic Pavilion (Doug Aitken)	24
Magic Square (Hélio Oiticica)	25
Pavilhão Marilá Dardot	26
Pavilhão Carlos Garaicoa	27
Administração	28

mapa
map

perfil

A nuvem

Em Inhotim, a arte contemporânea tem a arquitetura como uma de suas frequentes interlocutoras. Projetos significativos, como a Galeria Adriana Varejão, desenhada por Rodrigo Cerviño Lopez, atraem a atenção de ícones do cenário arquitetônico mundial. Ao fragmentar a visitação em diferentes pavilhões, construídos em momentos distintos, o centro torna-se um novo paradigma para os espaços expositivos. Seu idealizador, o empresário Bernardo Paz, acredita em algo maior: Inhotim propõe uma nova maneira de viver no mundo contemporâneo.

> **Fernando Serapião**

Acontece quase toda manhã, mas só percebe quem chega cedo. Tal como o vapor que escapa de uma panela de pressão, a bruma foge por um estreito vão entre as montanhas. O lugar tem o apropriado nome de Funil e ajuda a dissipar a névoa que encobre o Sol até perto do meio-dia. Por essa mesma fresta passam a água do rio Paraopeba, o ferro nos vagões dos trens, o metano no gasoduto e a luz elétrica nos cabos de alta tensão. A rodovia, tingida pela vermelhidão do minério que transborda dos caminhões de carga, também aproveita o vão, e, colada à sinuosidade da montanha, perde o acostamento para poder prosseguir. Depois da última curva, uma placa dá boas-vindas ao lugar cujo nome já é então facilmente explicável: Brumadinho.

*

Quem primeiro chegou à região, no final do século 17, foram os bandeirantes, que batizaram o povoado com o nome de Brumado Velho. Bernardo Paz, empresário da mineração, veio três séculos depois: nos anos 1980, com-

A bruma e o *Beam drop Inhotim*, foto de Leonardo Finotti

A bruma (The fog) and the *Beam drop Inhotim*, photograph by Leonardo Finotti

No desenho dedicado a Bernardo Paz, Burle Max escreveu: "Para Bernardo de Mello Paz que tem a capacidade de ser poeta de sua própria vida, a minha admiração e amizade". Burle Marx e Paz: encontro que afinou a relação entre arte e paisagem. Paz e Gilberto Chateaubriand: encontro de colecionadores

On the drawing dedicated to Paz, Burle Max wrote: "To Bernardo de Mello Paz, who has the ability to be a poet of his own life, my admiration and friendship." Burle Marx and Bernardo Paz: meeting that narrowed the relationship between art and landscape design. Bernardo Paz and Gilberto Chateaubriand: collectors encounter

prou uma gleba em Inhotim, um pequeno vilarejo nas proximidades da área urbana de Brumadinho, a 60 quilômetros de Belo Horizonte. Encantou-se com o tamboril, árvore quase centenária plantada pelo ex-proprietário. O encantamento com a paisagem cresceu com a aproximação de Roberto Burle Marx, a quem o empresário foi apresentado, na mesma década, por um amigo em comum, um florista de Nova York. Paz patrocinou um livro sobre a pintura do paisagista. Burle Marx, mesmo sem nunca ter desenhado nada para o local, patrocinou algumas ideias para o jardim de Inhotim, que começara a visitar em 1984.

O refúgio de final de semana, uma casa coberta com telhas de barro, transformou-se com a ambição do dono: ele construiu lagos, um anexo para hóspedes e galpões para acomodar obras de arte – na época, o foco de sua coleção era o modernismo brasileiro. Se Burle Marx é o patrono do paisagismo de Inhotim, Tunga foi quem convenceu Paz, nos anos 1990, a mudar o eixo de seu acervo para tornar-se o maior colecionador de arte contemporânea do país. Hoje, o empresário vê pouca graça em telas e acha colecionar obras de arte uma vaidade. "Já tive isso. Mas agora minha preocupação é o *museu*", disse baixinho, acentuando o tom ao falar do espaço que criou, enquanto se acomodava em uma poltrona Egg preta, na sala de sua casa, camuflada pela vegetação abundante. Paz tem pouco mais do que 1,80 metro de altura, é magro, usa barba e cabelo brancos messiânicos. O salão de recepção da moradia tem ares de uma nave de igreja, com pé-direito de 12 metros e decoração futurista.

Ele comprou todos os terrenos vizinhos que conseguiu, abriu Inhotim ao público e transformou-o em uma organização da sociedade civil de interesse público (Oscip). Atualmente, o lugar é o mais importante centro de arte contemporânea do país e, dizem especialistas, um dos mais significativos do mundo, com um acervo de cerca de 500 obras de artistas como Cildo Meireles, Chris Burden, Dan Graham e Olafur Eliasson. Apesar de receber anualmente cerca de 400 mil visitantes, Inhotim ainda não é autossustentável: com quase mil funcionários, as despesas com manutenção e programas socioeducativos beiram os 35 milhões de reais por ano. Paz não sabe quanto já investiu ali. "Vendi uma empresa por 250 milhões de dólares e coloquei tudo aqui", contou. "Além disso, o dinheiro que entra para mim nas empresas vem para cá", disse, folheando pela primeira vez a edição da *Elle* alemã, que tinha uma reportagem de seis páginas sobre Inhotim. "Ficou bom. O problema, como sempre, é que eles devem ter escrito aqui que eu sou milionário", lamentou. E não é? É o que então? "Louco", autodefine-se.

Os cinco pavilhões mais antigos, no núcleo original de Inhotim, revelam tímidas preocupações arquitetônicas. Os projetos são do arquiteto mineiro Paulo Orsini. Dois artistas possuem espaços exclusivos nessas construções: Cildo Meireles e Tunga, cujo galpão foi o primeiro onde a arquitetura começou a se manifestar, afinada com a arte e a paisagem: circundado por vidro, foi erguido às margens de um dos lagos artificiais. As outras três edificações, chamadas de galerias e destinadas a mostras temporárias do acervo, são pintadas de branco, com piso de cimento queimado, platibandas que escondem telhas metálicas visíveis por dentro.

O acesso de uma delas, chamada de Praça, que até 2012 foi ocupado por *En passant* (2008), de Iran do Espírito Santo, artista que usualmente incorpora elementos arquitetônicos em seus trabalhos. Ele pintou com látex duas paredes com faixas de tons de cinza, em degradê de 5% a 95% de preto. Na parede da esquerda, a mudança de tom seguia na horizontal; no lado oposto, na vertical. Facilmente confundida com sombras, a obra era solenemente ignorada por aquele grupo de visitantes em geral mais preocupados com o almoço que estaria por vir. "À primeira vista, Inhotim pode parecer um absurdo. Por que construir um museu longe de um grande centro?", questionou Jochen Volz, um dos curadores do instituto. "Em uma cidade grande, pode-se ver uma exposição rapidamente, no intervalo entre dois compromissos. Mas para chegar a Inhotim é preciso se deslocar, de carro ou avião, e se dedicar inteiramente à exposição e ao lugar", comparou, enquanto bebericava um capucino, sentado junto a uma das janelas da Casa Bonomi, sofisticada padaria na capital mineira. Volz tem olhos azul-piscina e cabelo louro-escuro. Nascido na Alemanha, mora no Brasil há doze anos. Mudou-se para Belo Horizonte depois de casar com a artista brasileira Rivane Neuenschwander, a quem conheceu em Frankfurt e com quem tem dois filhos.

Outra vantagem de Inhotim, segundo Volz, é que o centro vai se construindo, e sempre há algo novo, um motivo para visita. Novidades como essa ajudaram a colocar Inhotim no cosmopolita mapa das mecas de críticos, colecionadores, mecenas e artistas. Quando lançou seu livro de entrevistas no Brasil, por exemplo, o influente suíço Hans-Ulrich Obrist fez uma palestra ali. "Na Alemanha eu trabalhava com o cubo branco, com obras que estavam dentro de um espaço. É a síndrome da 'porta giratória', com o mundo real do lado de fora, e a arte do lado de dentro. Em Inhotim, não há limite de espaço, regras, leis etc. E isso é muito estimulante", empolgou-se Volz, que já foi curador das bienais de Veneza e de São Paulo, e da Galeria Serpentine, em Londres.

*

Na manhã do primeiro sábado de julho de 2011, a recepção de Inhotim era um alvoroço: às 10h38, 48 pessoas espalhavam-se entre a bilheteria, a loja e o pátio de entrada. Nesse dia foram registrados 855 visitantes. No eixo de acesso que marca a entrada da antiga fazenda de Bernardo Paz, um pequeno caminhão disputava espaço com visitantes, transportando seis banheiros químicos para o evento do dia seguinte: uma apresentação ao ar livre da Orquestra Sinfônica de Minas Gerais. O palco estava pronto, de costas para o lago e ao lado do tamboril, que fica em frente da antiga sede rural.

E antes do final dessa manhã, logo após ouvir o apito do trem, seis grupos de visitantes tiravam fotos ao lado das obras do norte-americano John Ahearn e do portorriquenho Rigoberto Torres. São dois painéis de fibra de vidro que ficam ao ar livre, na Galeria Praça, do lado oposto de onde ficava *En passant*. Criados sob encomenda, retratam, em tamanho real, membros da coletividade de origem quilombola que

Néia sendo moldada por John Ahearn. Na casa de Néia, o presente que ela ganhou do artista, divide espaço com o molde de seu pai

Néia being molded by John Ahearn. At Néia's house, the gift from the artist shares a place with the mould made for her father

existia no local. "Chega mais perto da grávida", disse uma mulher para a amiga, referindo-se a uma das figuras do painel *Abre a Porta* (2006). Ahearn e Torres se notabilizaram por trabalhar com comunidades em diversas partes do mundo e procuraram aproximar a população local do instituto. A grávida, por exemplo, é Néia, funcionária do centro de arte há 12 anos. "Entre outras coisas, eu organizo os livros que voltam das consultas", contou, sentada em sua mesa na biblioteca. Ela tem 39 anos e sua família está em Inhotim há três gerações. Era deles a única casa rural que restou do povoado (espaço agora ocupado por uma obra de Rivane Neuenschwander). Néia conheceu o marido na festa de inauguração de Inhotim. Eles conseguiram comprar um terreno na cidade e têm planos de construir uma casa financiada. O efeito Inhotim valorizou imóveis urbanos e rurais do entorno em mais de 300% nos últimos anos. Enquanto não edifica seu sonho, ela mora em Brumadinho, no embasamento da casa do pai, que é o funcionário mais antigo de Inhotim. A mãe, o irmão, o marido e o sogro dela também trabalham no museu.

O molde de gesso que a eternizou em arte foi feito em duas fases. Primeiro, modelaram a barriga; depois que sua filha nasceu, registraram o rosto. Na época, o empresário Marcel Telles adquiriu uma obra de Ahearn em uma galeria de Nova York e foi informado de que o artista estava no Brasil, trabalhando em Inhotim. Não hesitou em solicitar uma visita. "Nunca tinha descido um helicóptero aqui. Tivemos que improvisar o local de pouso num campo de futebol", contou Virgínia Paz, irmã de Bernardo e na época uma espécie de braço

direito dele no instituto. Os modelos receberam do artista uma cópia de presente. Por isso, assim como o sócio da Ambev, Néia tem uma obra de Ahearn em casa.

Os painéis de Ahearn e Torres modificaram a relação dos moradores com o museu. No início, houve escândalos. Um exemplo? Após a performance que marcou a inauguração da primeira galeria de Tunga, a mulher do artista e uma amiga francesa nadaram nuas no lago. Os funcionários locais que viram a cena transformaram o fato em fofoca na cidade da bruma. Hoje, a arte faz parte do dia a dia dos moradores, todos possuem seu artista contemporâneo de preferência e (quase) nada chama a atenção dos cidadãos. Quando Tunga está em Inhotim e vai tomar cerveja no povoado, é reconhecido e cumprimentado como se fosse conterrâneo. Ele foi padrinho de casamento de Néia.

Quase na hora do almoço do sábado, após fazer um pedido em um dos diversos pontos de venda de alimentação que se espalham pelo instituto, uma senhora comentou com o filho: "Os funcionários aqui são muito educados". Bernardo Paz sempre fez questão de empregar os habitantes do município (hoje, cerca de 85% deles são da cidade). Para a abertura do Bar do Ganso, os candidatos a garçom fizeram treinamento. No dia da inauguração, eram esperados cem clientes. Apareceram 700. No desespero, até Paz, que não sabe cozinhar, foi para o fogão. "Eu dizia para ele: 'Não dá! Vamos trazer mão de obra de Belo Horizonte'. Bernardo respondia: 'Não! Vamos treinar esse pessoal'. E não é que deu certo?", relembrou Virgínia. Hoje, Inhotim é exemplo em programas de inclusão social, envolvendo escolas públicas e comu-

Crianças que estudam na rede pública participam do projeto escola integrada em Inhotim

Children from public schools join the *escola integrada* (integrated school) program in Inhotim

nidades carentes com artes plásticas, música e paisagismo. Bernardo Paz é definido pelos funcionários como "generoso", "preocupado" e "atencioso". Foi ele que sugeriu a Néia fazer uma faculdade, para poder ter um lugar melhor no instituto. Ela começou a cursar publicidade e foi aconselhada por ele a mudar para história. Está formada.

*

Com 66 anos, Bernardo Paz nasceu em Belo Horizonte, em uma família de classe média, e cresceu no bairro do Sion. Seu pai era engenheiro e funcionário público, "muito rigoroso e organizado, com o pé no chão", e chegou a dirigir uma secretaria municipal da capital mineira. Sua mãe era dona de casa e pintora. Tinha sensibilidade social e "era muito depressiva, com a cabeça nas nuvens", conta Paz, o mais velho de quatro filhos. Ele estava dentro da piscina da antiga casa, onde hoje estão as mesas ao ar livre do restaurante Tamboril, quando avisou a família que iria transformar sua coleção em um museu aberto com 12 galerias. "Agora ele pirou de vez", pensou Virgínia.

Paz começou a vida profissional trabalhando no posto de gasolina do pai. "Todos têm que aprender a lidar com o público", opina. Vendeu roupas masculinas em uma butique, operou no mercado financeiro e nunca cursou faculdade ("só passei no vestibular para provar que conseguiria"). Fez fortuna ao usar parte da herança de uma de suas mulheres, filha de um banqueiro, para comprar uma empresa de mineração falida. "Trabalhava 20 horas por dia", contou. O preço do minério foi às alturas e ele ficou rico, sobretudo, ao ser pioneiro em vender para a China, em 1985. Casou-se sete vezes e teve sete filhos. São quase 30 anos de diferença entre a filha mais velha e uma das caçulas, fruto da união com Adriana Varejão.

*

No sábado, na hora do almoço, uma menina vestindo saia roxa subiu com sua família a rampa que liga o piso intermediário à cobertura da galeria Varejão. Ela ficou na ponta dos pés para observar a vista por cima do parapeito. Respondendo à mãe, ela disse: "Se eu gostei? Eu adorei". Enquanto os adultos admiravam as montanhas, a garotinha e o irmão caçavam desenhos de pássaros conhecidos nos azulejos do banco. "Olha um tucano!", o menino berrou, enquanto os pais atravessavam a passarela de aço, seguindo o roteiro. "Vamos!", o pai chamou, já em terra firme, enquanto os pequenos hesitavam em deixar as aves para trás.

O pavilhão de Adriana Varejão é o ponto alto da integração da arte contemporânea com a arquitetura: é diálogo de alto nível, em que o edifício não se submete à obra nem perde a expressão própria. Além disso, o desenho estabeleceu um percurso interno que corrobora a ideia de passeio no museu. "O pavilhão mudou o paradigma das construções em Inhotim", decretou Volz.

"A Adriana me ligou do Rio e perguntou se eu não queria acompanhá-la num fim de semana em Inhotim, no final de 2004", conta o arquiteto paulista Rodrigo Cerviño Lopez, sentado na pequena mesa de reuniões de seu escritório, no 31º andar do edifício Itália, no centro de São Paulo. Formado pela USP, Cerviño trabalhou com Paulo Mendes da Rocha, mas na época do projeto do pavilhão tinha pouco mais de 30 anos e nada de significativo no currículo de obras construídas. Inhotim era então o assunto no meio paulistano das artes plásticas, porque Paz tinha acabado de lotar dois voos fretados com especialistas que estavam em São Paulo visitando a Bienal. "A história parecia maluca: quem era aquele cara que decidira construir um museu no meio do mato?", lembrou Cerviño, que conheceu Adriana ao fazer o layout de um livro para ela. Depois, ele reformou para a artista o ateliê no Jardim Botânico e um apartamento antigo na avenida Vieira Souto.

Chegando a Inhotim, Cerviño foi recebido pelo anfitrião com uma frase que o surpreendeu: "Então é você que vai desenhar o pavilhão da Adriana?". A ficha caiu aos poucos. Visitaram o local da futura galeria; o empresário e a artista imaginavam um espaço envidraçado. Cerviño seguiu direto para o Rio com Adriana, a fim de conceber o projeto, e na terça-feira já desenhava na lousa do ateliê da artista o primeiro esboço. "Não tinha o terraço na cobertura nem as rampas, mas a concepção era semelhante ao que está lá", afirmou. No dia seguinte, Paz foi ao Rio para aprovar e o projeto deslanchou. No primeiro momento, Adriana pretendia criar algo tridimensional, "uma sauna" com azulejos. A ideia foi abandonada, mas em contrapartida ela pintou um quadro, quase um *trompe l'oeil*, que se funde com o espaço. O projeto final foi consolidado em uma maquete, apresentada no inesperado casamento entre o mecenas e a artista, seis meses depois do fim de semana entre as nuvens.

*

"Nós nos conhecemos durante o concurso para a sede do Grupo Corpo", contou a arquiteta paulista Paula Zasnicoff Cardoso, sentada na sala de jantar de um apartamento do edifício Niemeyer, na praça da Liberdade, relembrando o dia em que viu pela primeira vez seu marido (e futuro sócio no escritório Arquitetos Associados), o mineiro Alexandre Brasil. Eles estavam em equipes adversárias entre os quatro finalistas de um dos mais concorridos certames de arquitetura do início da década de 2000. De origem russa, Paula é clara, esguia e tem traços delicados. Nasceu em São Paulo e estudou arquitetura na USP. Nos primeiros anos de formada, integrou os Cooperantes, um núcleo de escritórios de arquitetos saídos dos mesmos bancos escolares. A disputa pela sede do Corpo foi vencida pela equipe de Brasil e anos mais tarde os dois se reencontraram em São Paulo, na entrega de um prêmio para jovens arquitetos. Aproximados por amigos em comum, começaram a namorar. Paula resolveu cursar mestrado em Belo Horizonte e mudou-se para a capital mineira com 29 anos. Na ocasião, Cerviño estava desenvolvendo outros projetos para Inhotim, além do pavilhão de Adriana: fez uma casa-ateliê para a artista e o empresário em um sítio em Brumadinho, desenhou a reserva técnica e o canil do centro cultural. Para atender à demanda, ele alugou sala e montou equipe. Um de seus novos sócios conhecia Paula e chamou-a para ser o braço local da equipe paulistana.

Contudo, por uma mudança de diretriz, o instituto optou por trabalhar somente com arquitetos locais. Como Paula já havia sido apresentada para a equipe do museu e estava disponível, foi convidada a ser funcionária de Inhotim, onde permaneceu três anos. Nesse período, além de atender à demanda da área técnica (por exemplo, desenhando montagens de exposições), ela realizou vários projetos, como a adaptação da antiga marcenaria em galeria, transpôs o desenho de Hélio Oiticica para o *Magic Square* (1977), auxiliou Valeska Soares no *Folly* (2005) e Rivane Neuenschwander no *Continente/Nuvem* (2008). De forma autoral, Paula (com o colombiano Carlos Granada) criou o edifício que abriga *Neither* (2004), da colombiana Doris Salcedo. Relacionada com os campos de concentração, a obra já havia sido exposta em uma galeria em Londres. "É um trabalho muito delicado e o projeto de arquitetura é simples, procura protegê-lo", contou Paula. A Galeria Doris Salcedo é o ponto de partida de uma das rotas dos carros elétricos que levam os visitantes às atrações mais longínquas. O pavilhão mais distante é o de Doug Aitken, conceitualmente concebido pelo artista, mas para o qual Paula criou os desenhos de arquitetura e resolveu os problemas técnicos. "Ele queria um pavilhão circular, fechado com vidro e um acesso por baixo", lembrou a arquiteta.

Às 15h15 do sábado, uma garota de sete anos, vestida de rosa (roupa e mochila com estampas do Mickey), acompanhava a família na visita ao espaço idealizado por Aitken. Chamado de *Sonic Pavilion* (2009), ele abriga um site specific, ou seja, uma obra criada para o lugar: o artista imaginou perfurar um buraco de 200 metros e instalar microfones nas profundezas a fim de desvendar o som da terra. Ao ouvir os pais conversando, a menina pôs o dedo na boca, com ar de seriedade, pedindo silêncio. Foi obedecida. Segundos depois, um grupo de seis casais de idosos percorria lentamente a rampa curva do pavilhão. Eles logo se amontoaram para olhar o buraco. "É esse o espetáculo? Pensei que íamos descer lá em baixo, com capacete e tudo! E minha filha me disse que esse era o melhor de todos! Melhor é mergulhar no Caribe ou ir para a Disney!", galhofou uma das senhoras, com chapéu de palha.

"Em Inhotim, temos a possibilidade de viabilizar o que o artista imaginar. Às vezes é inviável economicamente, como uma obra que faria um vazio monumental em uma rocha. Outras vezes, não. Um artista me disse que queria instalar um trabalho que já havia utilizado em uma performance e imaginava colocar um trator dentro de uma cúpula que ficasse em uma mata de reflorestamento e tivesse um caminho com minério no meio da mata. 'Isso podemos fazer', eu disse", contou Volz. Ele se referia à obra *De lama lâmina* (2009), de Matthew Barney. No trabalho original, criado para um carnaval em Salvador, o artista (que foi casado com a cantora Björk) contou com a participação de Arto Lindsay, que fez um show em Inhotim na época da inauguração. O pavilhão fica próximo ao de Aitken e também foi detalhado por Paula. No interior, o piso de cimento queimado está marcado com o minério trazido na sola dos sapatos dos visitantes.

*

A bruma fez o amanhecer de domingo seguir o script. Poucos minutos depois da abertura de Inhotim, o estacionamento guardava quase 40 carros. No trajeto entre o bolsão de veículos e a bilheteria a vegetação é propositadamente fechada, forma uma espécie de corredor verde que impede a profundidade do olhar e evita o deslumbramento com panoramas mais amplos nos lugares distantes dos lagos. Quem passa por ali dificilmente percebe o Centro Educativo Burle Marx. Se não fosse o volume do palco, o prédio desapareceria quase completamente. "A ideia era que ficasse integrado à paisagem", lembrou Alexandre Brasil. Para ficar mais discreta, a construção, que abriga a biblioteca onde Néia trabalha, salas

de aulas e um auditório, está parcialmente em cima de um pequeno lago e parece flutuar. O trajeto contínuo entre interior e exterior, com a possibilidade de andar na cobertura, é o ponto alto do desenho, desenvolvido por Brasil e Paula na fase em que ela deixou de bater ponto em Inhotim. Pouco depois de desenhar o centro educacional, o casal criou um prédio com administração e reserva técnica que utilizou fundações existentes.

Brasil fala pouco e pausadamente, e hesita em responder de imediato. Com 43 anos, pertence à geração de arquitetos mineiros que cresceu longe da influência direta do pós-modernismo, mas não hesita em estudar a herança do passado para encontrar pistas que moldem sua manifestação arquitetônica. Ele e seus sócios – além de Paula, André Prado, Bruno Santa Cecília e Carlos Alberto Maciel – são professores universitários e participam ativamente do debate arquitetônico nacional. Dois anos

Cildo Meireles, Chris Burden, Lucas Sigefredo e Matthew Barney na abertura do pavilhão de Barney. Detalhe da finalização do *Sonic Pavilion*, de Doug Aitken

Cildo Meireles, Chris Burden, Lucas Sigefredo and Matthew Barney at the opening of Barney's pavilion. Detail of completion of *Sonic Pavilion*, by Doug Aitken

depois de projetar o centro educacional, a equipe completa foi contratada para desenvolver um pacote de três projetos: a Galeria Miguel Rio Branco, a Galeria Cosmococa e a Grande Galeria (depois, a equipe desenhou a Galeria Claudia Andujar).

Apesar da diferença de programas e da aparência final, os projetos partiram da mesma discussão. Em primeiro lugar estava o desejo de inserir o objeto arquitetônico na paisagem sem agressão mas sem perda da expressão. O segundo postulado era controlar a forma amparando sobre o mesmo volume ambientes com pés-direitos diferentes. Por fim, a equipe criou, quando possível, espaços híbridos, diminuindo a dicotomia interior-exterior. O fotógrafo Miguel Rio Branco queria que seu pavilhão, que abriga fotos e filmes, fosse "uma rocha saindo da montanha".

No início da manhã do domingo, depois de sair do espaço, um grupo de amigos pegou carona no carro elétrico. "Vocês viram a foto do menino dormindo na rua, ao lado de outra de um cachorro sarnento? Aposto que todo mundo ficou com pena do cachorro e nem ligou para o menino", provocou um deles. O resto do caminho foi feito em silêncio.

Em outro braço distante da gleba fica a Galeria Cosmococa, reunião de cinco trabalhos audiovisuais de Hélio Oiticica e Neville d'Almeida criados em 1973. Construída em uma antiga área de pasto com pouca vegetação, a galeria é uma espécie de labirinto, onde as cinco salas de tamanhos diferentes e externamente revestidas de pedra estão isoladas entre si; o vazio entre elas forma a circulação e os acessos. Acompanhados de um guia, idosos que visitaram o espaço na manhã do domingo saíram da Cosmococa 2 depois de pular nos colchões e ouvir Yoko Ono. Dois minutos mais tarde, na Cosmococa 4, os espantos se repetem. "Pode entrar na água?", perguntou uma visitante. "De peça íntima ou roupa de banho, sim", respondeu a monitora ao som de John Cage. "Gente: tem toalha!", exclamou outra visitante, ao encontrar o vestiário da piscina. "Isso aí é para os doidos tomarem banho...". No verão, a piscina vive cheia.

Em frente da Cosmococa deve ser construída a Grande Galeria. É o projeto mais ambicioso que está por vir: 4 mil metros quadrados de área construída, o que praticamente dobra a área expositiva. Como os galpões de Paulo Orsini, trata-se de uma galeria que agrupa obras de artistas diversos em um espaço de visitação contínua. Não é um contrassenso, criar uma espécie de museu dentro da proposta fragmentada de Inhotim? "Percebemos que deveríamos dar um passo para trás para agrupar algumas obras dos anos 1960. Isso fará mais sentido para a coleção", ponderou Jochen Volz. O espaço será dividido em três níveis sobrepostos que, tal como a vizinha Cosmococa, parecem estar brotando da terra.

*

Faltava pouco para as 10h, quando um solitário flautista da Sinfônica começou a se aquecer. Naquele instante, estavam ocupadas

Um funcionário de Inhotim visita com os arquitetos Paula, André, Bruno e Alexandre o terreno da futura Galeria Cosmococa. Em 2008, Paula, Carlos Alberto e Bruno com a maquete de estudo da Grande Galeria. Parceiro de Hélio Oiticica, Neville d'Almeida visita o início da obra da galeria Cosmococa

A member of Inhotim staff visits with Paula, Prado, Santa Cecília and Brasil the spot of future Galeria Cosmococa. In 2008, Paula, Maciel and Santa Cecília next to the study model of Grande Galeria. Partners with Hélio Oiticica, Neville d'Almeida sees the beginning of Galeria Cosmococa works

somente 62 das 400 cadeiras brancas de plástico. Em cinco minutos outros 20 instrumentistas estavam a postos, faltando uma hora para o início do espetáculo. Enquanto a bruma se dissipava, um pequeno caminhão parou próximo do palco. Desembarcaram três contrabaixos protegidos por grandes caixas de alumínio. Orientados pelo maestro, os músicos começaram a repetir acordes para acertar os microfones. Às 10h16, entrou correndo o último integrante, atrasado. Colocou o dedo na máquina que registra presença e voou para o seu lugar. Isoladamente, cordas, madeiras, metais e percussão acertaram o som, seguindo a direção do regente.

Às 10h37, o maestro desceu do púlpito, pegou uma água no cooler e saiu do palco. Naquele exato instante o sol cortou a bruma e inundou a frente do palco. Resultado: o desaparecimento da névoa causou 22 minutos de atraso, para que a orquestra fosse recuada três metros.

O concerto começou com uma peça de Glinka. Misturado à multidão, Bernardo Paz assistiu à apresentação abraçado à atual mulher (que mora em São Paulo). Permaneceu encostado ao monólito carregado por uma tartaruga, obra criada pelo chinês Zhang Huan e que marca o acesso da antiga da fazenda. O texto gravado na pedra conta a história de um ancião que "consegue com a ajuda dos descendentes mover as montanhas que bloqueavam o caminho de sua casa". Paz aplaudiu com entusiasmo a quarta música apresentada, a polca *Vida de artista*, de Johann Strauss 2º.

Perto do restaurante Oiticica, escutaram-se três apitos do trem às 12h38. O final da apresentação encheu o restaurante (que serve caprichado buffet a cerca de 50 reais o quilo). Parte das mesas estava reservada aos músicos e, uma hora mais tarde, mais de 50 pessoas esperam na fila para almoçar.

*

O restaurante Oiticica foi desenhado por uma jovem equipe de arquitetos mineiros formada por Maria Paz e Thomaz Regatos. Sobrinha de Bernardo, ela tem 30 anos e, antes de se formar em arquitetura em Belo Horizonte, trabalhou em Luxemburgo no escritório do holandês Jo Coenen. Em julho de 2011, voltou para sua terra natal após um ano e meio de mestrado em Cornell, nos Estados Unidos. Na bagagem, trouxe uma assistente russa e uma arquiteta turca, que vão integrar o grupo. "O Thomaz me mandava tudo por e-mail e conversávamos bastante, mas, mesmo assim, estava um pouco distante da produção", ela contou, sentada à prancheta no escritório da dupla, que ficava no 11º andar de um prédio no bairro Belvedere (atualmente, eles trabalham em frente ao escritório de Inhotim em Belo Horizonte, próximo a praça da Liberdade). Maria é quieta, tem ar recatado e rosto de boneca. Regatos é cinco anos mais velho, tem cabelos com fios longos e é falante; fez mestrado em Barcelona e atuou com Emilio Donato. Há oito anos formaram o escritório Rizoma, que começou a fazer pequenos trabalhos para

Inhotim, como sanitários e quiosques de comida. O primeiro encargo maior foi o restaurante. Depois, a loja botânica, a galeria de Lygia Pape e a nova galeria de Tunga (mais de cinco vezes maior que a antiga), inauguradas entre 2011 e 2012. Atualmente, são eles que estão atendendo à demanda por novos projetos. "É um privilégio trabalhar em Inhotim", disse Regatos enquanto almoçava em um restaurante no bairro de Lourdes. "Temos liberdade de fazer projetos com programas interessantes."

Virgínia, mãe de Maria, também auxilia no trabalho. Ex-faz-tudo de Inhotim, ela conhece os desejos do cliente como ninguém. "Lá, é tudo sempre para ontem e, no meio do caminho, muda tudo", ensinou. Inhotim ainda é o cliente-mor do Rizoma, mas a equipe começa a desenvolver outros trabalhos, como um terminal metropolitano em Contagem, cidade da Grande Belo Horizonte.

*

Beam drop Inhotim: a primeira viga é lançada com a bruma matinal

Beam drop Inhotim: the first beam is launched amidst the morning fog

A escultura *Beam drop Inhotim* (2008), do norte-americano Chris Burden, são vigas de aço antigas que foram jogadas no final de junho de 2008 em uma piscina de concreto fresco. É para o lado de *Beam drop* que Inhotim vai crescer. Por enquanto, o gargalo do desenvolvimento do instituto é a infraestrutura. Nesse sentido, o restaurante Oiticica foi um avanço: construído em quatro meses, desafogou a demanda por alimentação dos visitantes, que aumentam quase 50% ao ano. No final da década passada, a diretoria de Inhotim traçou algumas estratégias para organizar o crescimento do lugar. Na ocasião, diversos profissionais estavam trabalhando em projetos independentes. Gustavo Penna, que está à frente do mais organizado escritório de arquitetura mineiro, desenvolvia o desenho do centro de convenções. A Triptyque, sediado em São Paulo e liderado por equipe franco-brasileira, fazia um espaço de exposições. Siegbert Zanettini, decano da arquitetura paulista, desenhava uma estufa, batizada de Greenhouses, com cinco domos transparentes, para um ambicioso centro botânico. E a mineira Freusa Zechmeister estava projetando um hotel-boutique. Para organizar, entrou em cena o escritório do arquiteto suíço radicado no Brasil Henri Michel de Fournier, conhecido, entre outras coisas, por fazer master plans imobiliários. Ele coordenou rodadas de reuniões no Espaço Tamboril, onde era a antiga casa da fazenda, e tentou enquadrar os outros na lógica de seu plano. Contudo, mais do que as faíscas produzidas pelos atritos entre os profissionais, o que levou os projetos para a gaveta (ou para o freezer) foi a crise financeira que fez empacar a economia mundial em 2009. Mas nem todos foram atingidos. "Oi, Freusa, e o meu projeto?", perguntou Bernardo ao telefone, logo depois de almoçar na mesa de jantar vermelha que fica no grande espaço em que recebe seus convidados. "Estamos fazendo", ela respondeu. "Mas esse gerúndio, quando acaba, Freusa?", ele retrucou, enquanto fumava um dos cigarros que somam quatro maços no fim do dia. Depois de desligar, ele disse, com orgulho, que o projeto ainda não estava pronto porque tinha escolhido "uma artista" para fazer.

*

Bernardo Paz é velho conhecido de Freusa. Antes de abrir Inhotim ao público, ele a convidou para ir até seu refúgio, onde também estaria Tunga. O empresário acenou

O registro da equipe que realizou *Beam drop*, na frente da obra, com Bernardo Paz e Chris Burden

Portrait of team that made *Beam drop*, in front of the piece, with Paz and the author, Chris Burden

com a ideia de que ela desenhasse o pavilhão do artista. Como já tinha compromisso naquela data, ela recusou a oferta (que ocorreu outras vezes). "Não vai dar certo", argumentava. "Você tem o seu jeito e eu tenho o meu: melhor ficar assim, pois nós vamos brigar", previa. Com fama de temperamental, Freusa é filha de um engenheiro-arquiteto austríaco que imigrou para o Brasil. Ela escolheu a profissão aos sete anos, quando o pai saiu de casa. "Decidi que seria arquiteta, que não casaria nem teria filhos", ela contou sentada em sua sala de trabalho, que ocupa dois quartos de um imóvel residencial, no térreo de um prédio baixo localizado no bairro do Sion, em Belo Horizonte. Aos 75 anos, Freusa é reclusa, não dá entrevista nem publica seus projetos. "Eu não dou conta", explicou, dizendo que não gosta de se expor.

Com insistência, finalmente Paz conseguiu contratá-la. Não ainda em Inhotim: ela criou um misto de antiquário e galeria em Belo Horizonte, idealizado para uma das mulheres do empresário. Por fim, ele a convenceu a fazer a pousada de Inhotim, um ambicioso projeto de hotel-boutique, que traz brilho aos olhos do mecenas. "Sempre quis fazer um hotel", contou Freusa. "Já falei para o Bernardo: vou me mudar para lá durante dois anos para acompanhar a construção."

*

O que deixava Freusa com receio de fazer um projeto para Inhotim era a execução das obras. Meticulosa e exigente, sua expressão depende de detalhes executados com perfeição. "O Bernardo me disse que eu vou poder indicar para a construção da pousada as pessoas que normalmente trabalham comigo", ela revelou, durante o jantar em um restaurante de frutos do mar no bairro de Lourdes. Para centralizar o processo e baratear custos, quase todas as construções de Inhotim são realizadas com equipe própria. "A sorte foi que contrataram um mestre de obras de fora, que era muito bom em concreto", contou Cerviño a respeito do pavilhão de Adriana Varejão. "E foi a equipe indicada pela Freusa que salvou o acabamento", ele completou. Paz procura

O inglês Norman Foster e Bernardo Paz passeiam na *Beam drop*

Englishman Norman Foster and Paz walk through *Beam drop*

potencializar seus recursos e tem como foco as obras de arte, que também analisa com uma lupa. "Galerista nenhum ganha dinheiro da minha mão", afirmou. Ele sabe o que significa para a carreira de um artista ter um pavilhão em Inhotim. Citando nomes, diz que uns jamais entrarão e outros "ficaram ricos", e que os "mais inteligentes" estão doando as obras para o instituto. Ele é assediado por arquitetos brasileiros famosos, que oferecem trabalhos de graça, e Inhotim já começa a despertar o interesse dos estrangeiros. Entre outros, já passaram por Brumadinho os norte-americanos Steven Holl e Richard Meier. O inglês Norman Foster, que tem um dos maiores escritórios do mundo, aliando escala e qualidade como ninguém, pousou seu próprio avião prateado em Confins e dormiu na casa de Bernardo Paz. O inglês disse que quer fazer um projeto para Inhotim. "Mas você vai me cobrar 1 milhão de dólares", retrucou Paz. Sobre esse assunto, Foster pediu-lhe que conversasse com sua mulher. "Não precisamos de estrelas fazendo projetos", afirmou Volz. "Queremos trabalhar com pessoas que estão próximas. Os projetos desenvolvidos pelos Arquitetos Associados e pelo Rizoma farão diferença na carreira deles e estão nos ajudando a trilhar um caminho." A presença de Foster em Inhotim ao menos serviu para dar início a um namoro entre o instituto e Anish Kapoor, artista indiano radicado na Inglaterra e amigo do arquiteto inglês.

*

Faltavam cinco minutos para as cinco da tarde quando o trem apitou novamente. Em frente ao pavilhão de Adriana Varejão, uma garotinha disse para a mãe: "Tem coisa destruída ali". A mãe respondeu que aquele não era o tipo de arte de que ela gosta. "Mamãe prefere arte que faz bem aos olhos, entendeu?" Em seguida, falou para o marido: "Amor, valeu demais esse passeio, hein?".

A loja estava cheia, faltando menos de meia hora para fechar Inhotim. Por pouco, o recorde de visitação não foi batido: a bilheteria registrou 4.079 pessoas.

Passando um pequeno anel metálico de dedo em dedo, mania que carrega desde a infância, Bernardo Paz disse: "Inhotim está pronto na minha cabeça. E a expectativa de ver tudo funcionando é muito grande. Até agora fizemos 10%". Paz deixou a direção de suas empresas nas mãos de executivos e vai a duas reuniões do conselho por mês em Belo Horizonte. Diz que tem preguiça de sair de Inhotim. Recusa convites e vive seu sonho 24 horas por dia, tomando remédio para dormir e "para acordar também". A solidão é uma opção. Ele afirma que vai construir hotéis, condomínios, campos de golfe. Tem até um terreno reservado para um aeroporto. "Isso aqui é uma nova forma de vida. É muito simples e a beleza redime tudo: não há crime onde existe beleza. Ninguém precisa morar em uma cidade grande, poluída, sem qualidade de vida. As pessoas podem trabalhar em suas casas, fazer exercício e comer comida saudável", divagou. Inhotim é uma utopia? "Não: é uma realidade. Vários empresários já me procuraram para criar espaços de moradia na região, com construções sustentáveis e usando o nome de Inhotim. Eles me ofereceram 15% e eu aceitei", confessou. Com o barulho das fotos de Miguel Rio Branco que estão penduradas no teto batendo umas contra as outras, ele olhou para o alto, fez movimentos com as mãos e disse: "Inhotim é um espaço que se transforma, como o céu: você olha para ele, e ele está de um jeito, com uma nuvem de um determinado formato. Alguns minutos depois, você olha novamente e a forma já mudou. Quando você menos espera, a nuvem desaparece". ■

profile

The cloud

In Inhotim, contemporary art holds architecture as one of its frequent interlocutors. Significant projects, such as the Adriana Varejão Pavilion, designed by Rodrigo Cerviño Lopez, attract the attention of the icons of the world's architectural scene. By fragmenting the visit into different pavilions, built at distinct moments, the center becomes a new paradigm for exhibition spaces. Its founder, businessman Bernardo Paz, believes in something greater: Inhotim proposes a new way of life in a contemporary world.

> Fernando Serapião

It happens almost every morning, but is witnessed only by early birds. Akin to the steam escaping from a pressure cooker, the fog escapes through a narrow gap between mountains. The place is appropriately named Funil (Funnel) and helps dissipate the fog that obscures the sun until around noon. Through this same fissure passes the waters of Paraopeba River, the iron in the train wagons, the methane in the gas pipeline and electricity in the power lines. The highway, red in hue from the ore overflowing from the dump trucks, also takes advantage of the gap, and along the sinuosity of the mountain, loses the shoulder in order to proceed. After the last curve, a sign welcomes the place whose name is so evidently explained: Brumadinho (light fog).

*

The pioneers in the region, called Bandeirantes, arrived in the late 17th century and christened the town Brumado Velho. Bernardo Paz, a mining entrepreneur, came three cen-

A bruma, foto de Leonardo Finotti

The fog, photograph by Leonardo Finotti

Na antiga biblioteca, Bernardo Paz apresenta o Centro de Arte Contemporânea de Inhotim Caci para a imprensa juntamente com os curadores, o norte-americano Allan Schwartzman, o brasileiro Rodrigo Moura e o alemão Jochen Volz. A coleção (e a curadoria) atraiu os olhares do mundo das artes. Na foto, Volz lança a edição brasileira de um livro de entrevistas de Hans-Ulrich Obrist

At the old library, Bernardo Paz presents the Centro de Arte Contemporânea de Inhotim (Caci) – Contemporary Art Center of Inhotim – to the press, along with the curators: North-American Allan Schwartzman, Brazilian Rodrigo Moura and German Jochen Volz. The collection (as well as the curatorship) drew attention of the art world. In the picture, Jochen Volz releases the Brazilian issue of an interview book by Hans-Ulrich Obrist

turies later: in the 1980s, he bought a plot in Inhotim, a small village near the urban area of Brumadinho, 60 kilometres from Belo Horizonte. He became enthralled by the almost century old pacara earpod tree (tamboril in Portuguese), planted by the previous owner. The enchantment with the landscape grew with the coming of Roberto Burle Marx, with whom the businessman became acquainted, in the same decade, via a mutual friend, a florist from New York. Paz sponsored a book on the landscaper's paintings. Burle Marx, having never drawn anything for the site, sponsored some ideas for the Inhotim garden, which he began visiting in 1984.

The weekend retreat, a house roofed with clay tiles, was transformed with the ambition of the owner: he built ponds; an annex for guests and warehouses to accommodate art work – at the time, the focus of his collection was Brazilian modernism. If Burle Marx is the patron of landscaping in Inhotim, Tunga was the one who convinced Paz, in the 1990s, to change the axis of his assets in order to become the biggest collector of contemporary art in the country. Today, the entrepreneur has little interest in paintings and believes that art collection is all about vanity. "I've had it. But now my concern is the museum," he said softly, accentuating the tone when speaking of the space he created, as he settled into a black Egg chair in his living room, hidden away by lush vegetation.

Paz is a little more than 1.80 meter tall, thin, with messianic white beard and hair. The reception room of his house affects a church nave air, with its 12 meter ceiling height and futuristic decor.

Despite receiving around 400,000 visitors a year, Inhotim is as of yet not self-sustaining: with almost 1,000 employees, the cost of maintenance and socio-educational programs hovers around 35 million reais per year. Paz does not know how much he has already invested there. "I sold a company for 250 million dollars and put everything here," he said. "In addition, the money coming in for me in the companies goes here," he said, flipping through for the first time the German edition of *Elle*, which had a six-page report on Inhotim. "It is good. The problem, as always, is that they must have written here that I am a millionaire," he lamented. Is he not? What is he then? "Crazy," as he defines himself.

*

The five oldest pavilions in the original nucleus of Inhotim reveal timid architectural concerns. The designs are by architect Paulo Orsini, from Minas Gerais. Two artists have exclusive spaces in these constructions: Cildo Meireles and Tunga, whose warehouse was the first where the architecture manifested himself, in tune with the art and the landscape: surrounded by glass, it was erected on the bank of one of the ponds. The other three buildings, called galleries and destined for temporary exhibitions of the collection, are painted in white, with a polished concrete floor and platbands that hide metal tiles visible from inside.

One of their entrances, dubbed *Praça* (square), which was occupied until 2012 by *En passant* (2008), by Iran do Espírito Santo, an artist who usually incorporates architectural elements into his works. He painted with latex two walls with bands of grey hues, in gradients from 5% to 95% black. On the left wall, the change in tone follows a horizontal axis; on the opposite side, vertically. Easily confused with shadows, the work is solemnly ignored by groups of visitors, usually more concerned with the upcoming lunch. "At first glance, Inhotim may appear absurd. Why build a museum far from the big city?" asked Jochen Volz, one of the curators of the center. "In a big city, you can quickly see an exhibition in the interval between two appointments. But to get to Inhotim you need to travel by car or plane, and devote yourself entirely to the exhibition and the place," he compared, as he sipped a Cappuccino, seated next to one of the windows of Casa Bonomi, a sophisticated bakery in the state capital of Minas. Volz has aqua blue eyes and dishwater blond hair. Born in Germany, has been living in Brazil for twelve years. He moved to Belo Horizonte after marrying the Brazilian artist Rivane Neuenschwander, whom he met in Frankfurt and with whom he has two children.

Another advantage of Inhotim, according to Volz, is that the center is constantly building, and there is always something brand-new, a new reason to visit. Novelty like this helped put Inhotim on the cosmopolitan map of the meccas of critics, collectors, patrons and artists. At the occasion of the release of a book of interviews in Brazil, for example, the influential Swiss Hans-Ulrich Obrist gave a lecture there. "In Germany I used to work with the white cube, with works that were within a space. It is the 'revolving door' syndrome of the real world from outside and the art from inside. In Inhotim, there are no limitations of space, rules, laws, etc. And that's very stimulating," enthused Volz, who has already been a curator of the Biennial of Venice and São Paulo and of the Serpentine Galleries in London.

*

On the first Saturday morning of July 2011, the reception at Inhotim was agitated: at 10h38, 48 people were scattered among the ticket counter, shop and foyer. On that day 855 visitors were recorded. In the access path that marks the entrance of Bernardo Paz's old farm, a small truck was fighting with visitors for space, carrying six chemical toilets for the event of the following day: an outdoor presentation of the Symphonic Orchestra of Minas Gerais. The stage was set, back to the lake and alongside the pacara earpod tree, which is in front of the former rural headquarters.

And before the end of this morning, soon after hearing the train whistle, six groups of visitors took pictures next to the works of the North American John Ahearn and Puerto Rican Rigoberto Torres: two panels of fibreglass that are left in the open air at the Galeria Praça, opposite to En passant. A custom designed life-size portrayal of the members

Em primeiro plano, o tamboril; a vegetação deixa à mostra os antigos pavilhões. A Galeria Fonte em construção, com projeto de Paulo Orsini

In foreground, the pacara earpod tree; vegetation allows for a sight of the old pavilions. The Galeria Fonte under construction, designed by Paulo Orsini

of the Quilombo community that used to exist there. "Get closer to the pregnant lady," a woman exclaimed to her friend, referring to one of the figures on the panel *Abre a Porta* (2006). Ahearn and Torres distinguished themselves by working with communities in various parts of the world and sought to bring the local population into the institute. The pregnant woman, for example, is Néia, an employee of the center for 12 years. "Among other things, I sort the books that are returned after consulting," she says, sitting at her desk in the library. She is 39 years old and her family has been in Inhotim for three generations. Theirs was the only remaining country house in the village (the space is now occupied by a piece by Rivane Neuenschwander). Néia met her husband at Inhotim's inaugural party. They managed to buy land in the city and have plans to build a financed house. The Inhotim effect appreciated urban and rural properties at more than 300% over the past years. While not building her dream, she lives in Brumadinho, in the basement of her father's house, which is the senior employee of Inhotim. Her mother, brother, husband and father-in-law also work at the museum.

The plaster mould that immortalized her in art was done in two phases. First, they moulded the abdomen; after her daughter was born, they recorded the face. At the time, businessman Marcel Telles acquired a piece by Ahearn at a gallery in New York and was told that the artist was in Brazil working in Inhotim. He did not hesitate in requesting a visit. "Never had a helicopter come down here. We had to improvise a landing pad on a football field," said Virgínia Paz, Bernardo's sister who back then was sort of his right arm at the institute. The models were awarded a free copy by the artist. Therefore, as with AmBev shareholders, Néia has a piece by Ahearn at home.

Ahearn and Torre's panels changed the relationship between the people and the museum. In the beginning, there were scandals. An example? Following the performance that marked the inauguration of Tunga's first gallery, the artist's wife and her friend from France went for a skinny dip in the lake. Local employees who saw the scene transformed it into the talk of the town of fog. Today, art is part of the daily lives of the residents, they all have their preference when it comes to contemporary artists and (almost) nothing draws the attention of the citizens. When Tunga visits Inhotim, he often goes to the village for a drink, where he is recognized and greeted as a local. He was a groomsman at Néia's wedding.

Almost at lunchtime on Saturday, after placing an order with one of several food service counters spread across the institute, a lady made a remark to her son: "The staff here is very polite". Bernardo Paz always made sure to employ the inhabitants of the city (today, about 85% of them are from town). For the opening of Bar do Ganso (Goose Bar), the candidates for the waiter position were trained. On the opening day, one hundred customers were expected; 700 appeared. In desperation, even Paz, who does not know how to cook, went to the stove. "I said to him: 'No way! We will bring in labour from Belo Horizonte.' Bernardo replied: 'No! Let's train these people.' and it worked out!" recalled Virgínia. Today, Inhotim sets the example in social inclusion programs involving public schools and disadvantaged communities with arts, music and landscaping. Bernardo Paz is defined by the employees as "generous," "concerned" and "thoughtful". He was the one who suggested Néia go to college, so as to gain a better place in the institute. She began to study advertising and was advised by him to switch to history. She graduated.

*

Bernardo Paz, currently 66 years old, was born in a middle class family from Belo Horizonte; he spent his formative years in the Sion neighborhood. His father was an engineer and public servant, "very strict and organized, with his feet firmly on the ground," and directed a municipal division of the Minas capital. His mother was a housewife and a painter. She had social sensibility and was "very depressed with her head in the clouds," says Paz. He is the eldest of four children. He was in the pool at the old house, where the outdoor tables of Tamboril restaurant are located today, when he told the family that he was going to transform his collection into an open air museum with 12 galleries. "Now he's really lost it," thought Virgínia.

Paz began his professional life working at his father's gas station. "Everybody has to learn to deal with the public," he believes. He sold men's clothing in a boutique, operated on the financial market and never attended college ("I just passed the entrance exam to prove I could"). He made a fortune by using part of the inheritance he received from one of his wives, daughter of a banker, to buy a bankrupt mining company. "I used to work 20 hours a day," he says. The ore prices soared and his wealth, in particular, came from a pioneer deal with China in 1985. He married seven times and has seven children. Up to now, there is an almost 30-year gap between his oldest daughter and the youngest, who was born from his union with Adriana Varejão.

*

On Saturday, at lunchtime, a girl wearing a purple skirt and her family came up the ramp that connects the middle floor to the cover of the Varejão gallery; she tiptoed in order to see what lay over the parapet. Answering her mother, she said: "Did I like it? I loved it". While the adults admired the mountains, the little girl and her brother looked for illustrations of known birds on the tiles of the bench. "Look, a toucan!" the boy shouted, while the parents crossed the steel bridge, following the route. "Let's go!" his father called out, now on terra firma, the little ones hesitant about leaving the birds behind.

The Adriana Varejão pavilion is the apex of integration between contemporary art and architecture: it is high-level dialogue, in which the building is not subject to the work nor does it lose its self-expression. In addition, the design has established an internal route which supports the museum tour idea. "The pavilion has changed the building paradigm in Inhotim," declared Volz.

"Adriana called me from Rio and asked if I would accompany her on a weekend in Inhotim at the end of 2004," says the architect from São Paulo, Rodrigo Cerviño Lopez, sitting at the small conference table in his office on the 31st floor of the Itália building downtown São Paulo. A graduate of USP (State University of São Paulo), Cerviño worked with Paulo Mendes da Rocha, but at the time of the pavilion project he was a little over 30 years old with nothing significant in his building curriculum. Inhotim was hence the subject in the milieu of fine arts in São Paulo, because Paz had just booked two charter flights filled with experts who were visiting São Paulo for the

A placa que identifica a autoria do projeto, revela uma mudança de paradigma no cuidado com os projetos de arquitetura.
Adriana Varejão ajuda a montar o *Celacanto provoca maremoto*, obra que ocupa o primeiro andar do seu pavilhão

The identification plate of authorship reveals a paradigm shift in the attention given to architectural design.
Adriana helps assemble the *Celacanto provoca maremoto* (Coelacanth causes tsunami), work that takes up the first floor of the pavilion

Biennial. "The story seemed crazy: who was this guy who decided to build a museum in the middle of the bush?" told Cerviño, who met Adriana when he made a book layout for her. Then he renovated the artist's studio at Jardim Botânico and an old apartment on Vieira Souto Avenue.

Arriving at Inhotim, Cerviño was received by the host with a sentence that surprised him: "So are you the one who is going to draw Adriana's pavilion?" It took some time for the penny to drop. They visited the future site of the gallery; the entrepreneur and the artist imagined a glass space. Cerviño went straight to Rio with Adriana, in order to conceive the design and, on Tuesday, there was already a first draft on the blackboard of the artist's studio. "Nor the rooftop terrace or ramps were there, but the design was similar to what is there," he stated. The next day, Paz went to Rio to approve and the project took off. At first, Adriana wanted to create a three-dimensional space, "a sauna" with tiles. The idea was abandoned, but in return she painted a picture, almost a *trompe l'oeil*, which merges with the space. The final design was consolidated into a model, presented at the unexpected wedding between patron and artist, six months after the weekend amongst the clouds.

*

"We met during the contest for the headquarters of Grupo Corpo," said architect Paula Zasnicoff from São Paulo, sitting in the dining room of the Niemeyer apartment building, at Praça da Liberdade, recalling the day she first set eyes on her husband (and future partner over at the Arquitetos Associados office), Alexandre Brasil, from Minas Gerais. They were on opposing teams among the four finalists from one of the most competitive architecture competitions at the onset of the 2000's. Of Russian origin, Paula is clear, slender and has delicate features. She was born in São Paulo and studied architecture at USP. As a new graduate, she integrated the Cooperantes, a core of architecture offices whom originated from the same school benches. The contest for the Corpo headquarters was won by Brasil and, years later, the two ran into each other again in São Paulo, at an award event for young architects.

Brought together by mutual friends, they started dating. Paula decided to do a master degree in Belo Horizonte and moved to the capital when she was 29 years old. At the time, Cerviño was developing other projects for Inhotim beyond Adriana's pavilion: he made a studio-home for the artist and the entrepreneur at a small farm in Brumadinho, designed the storage area and cultural center's kennel. To meet demand, he rented a room and set up

a team. One of his new members knew Paula and called her to be the local arm of the São Paulo team.

However, because of a policy change, the institute chose to work only with local architects. As Paula had already been introduced to the museum staff and was available, she was invited to be an employee of Inhotim, where she remained for three years. During this period, in addition to meeting the demand of the technical area (for example, assembling drawings of exhibitions), she conducted several projects such as the adaptation of the old woodwork shop into a gallery, the transposition of the drawing by Hélio Oiticica to the *Magic Square* (1977), helped Valeska Soares with *Folly* (2005) and Rivane Neuenschwander with *Continente/Nuvem* (2008). In authorly fashion, Paula (with Colombian Carlos Granada) created the building that houses Neither (2004), by Colombian Doris Salcedo. Related to the concentration camps, the work had been exhibited at a gallery in London. "It's a very delicate work and the architectural design is simple, seeks to protect it," said Paula. The Doris Salcedo Gallery is the starting point of one of the electric car routes that take visitors to attractions farther afield. The farthest is the Doug Aitken pavilion, whose conceptual design has been conceived by the artist, but for which Paula created the architectural drawings and resolved technical problems. "He wanted a circular pavilion, sealed up with glass and with a bottom access," remembers the architect.

At 3:15 p.m. on Saturday, a seven year old girl, dressed in pink (clothes and backpack with Mickey print), accompanied the family on a visit to the space designed by Aitken. Called *Sonic Pavilion* (2009), it covers a site-specific, rather, a work created for the place: the artist imagined drilling a hole 200 meters deep and installing microphones in order to reveal the sound of the earth. When she heard the parents talking, she put her finger on her mouth affecting an air of seriousness, asking for silence; she was obeyed. Seconds later, a group of six elderly couples walked slowly up the curving ramp of the pavilion. They soon flocked to look at the hole. "This is the show? I thought we were going down below, with helmets and all! And my daughter told me that this was the best of all! Best to dive in the Caribbean or go to Disney!" quipped one of the ladies, with a straw hat.

"In Inhotim, we can make viable whatever the artist imagine. Sometimes it is economically unfeasible, such as a work that would make a monumental void in a rock. Other times, no. An artist told me he wanted to install a piece that he had already used in a performance and imagined putting a tractor

Rodrigo Cerviño Lopez visita a construção da Galeria Adriana Varejão. Em 2008, o curador Rodrigo Moura visita o terreno da Galeria Miguel Rio Branco com os arquitetos Alexandre, Paula, André e Carlos Alberto. Miguel Rio Branco e Bernardo Paz observam a conversa dos curadores Rodrigo Moura e Jochen Volz e o diretor Maurício Lordes Pereira

Rodrigo Cerviño Lopez visits the construction site of Galeria Adriana Varejão. In 2008, curator Rodrigo Moura visits the site for Galeria Miguel Rio Branco with architects Alexandre Brasil, Paula Zasnicoff, André Prado and Carlos Alberto Maciel. Rio Branco and Paz watch conversation of curators Rodrigo Moura, Jochen Volz and Maurício Lordes Pereira inside a dome that would remain in a reforestation area and had a path with ore in the middle of the bush. 'This we can do,' I said," Volz told. He was referring to the work *De lama lâmina* (2009) by Matthew Barney. In the original work, created for a carnival in Salvador, the artist (he was married to singer Björk) was helped by Arto Lindsay, who had a show at the inauguration of Inhotim. The pavilion is close to Aitken's and was also detailed by Paula. Inside, the polished concrete floor is marked by the ore brought in by the soles of visitor's shoes.

*

The fog made Sunday morning roll out on cue. A few minutes after the opening of Inhotim, 40 cars were stationed in the parking lot. On route between the pocket of vehicles and the ticket counter, the vegetation is purposely closed, forms a type of green corridor that prevents depth perception and avoids dazzle from more ample panoramas in the far away lakes. Those whom pass there barely notice the Burle Marx Educational Center. If it were not for the volume of the stage, the building would almost disappear. "The idea was for the building to integrate into the landscape," remembers Alexandre Brasil. To be more discreet, the building, which houses the library where Néia works, classrooms and an auditorium, is partially over a small pond and appears to float. The continuous path between interior and exterior, with the possibility of walking on the roof, is the high point of the design developed by Brasil and Paula at the stage where she stopped working in Inhotim. Shortly after designing the educational center, the couple created a building with an administration and storage area using the existing foundations.

Brasil speaks little and pauses frequently, he hesitates to answer immediately. He is 43 years old, belongs to a generation of architects who grew up away from the direct influence of Minas Gerais post modernism, but does not hesitate to study the inheritance of the past to find clues that shape their architectural expression. He and his partners – in addition to Paula, André Prado, Bruno Santa Cecília and Carlos Alberto Maciel – are university professors and participate actively in the national architectural debate. Two years after designing the educational center, the whole team was hired to develop a package of three projects: Galeria Miguel Rio Branco, the rooms of the Cosmococa and the Grande Galeria.

Despite the difference in programs and final appearance, the designs were the result of the same discussion. First was the desire to enter the architectural object in the landscape without aggression but without loss of expression. The second postulate was to control the form sheltering in the same volume environments with different ceiling heights. Finally, the team created, when possible, hybrid spaces, reducing the inside-outside dichotomy. The photographer Miguel Rio Branco wanted his pavilion, which houses pictures and movies, to be "a rock sticking out of the mountain". In the early morning of Sunday, after leaving the space, a group of friends got a ride in the electric car. "Have you seen the picture of the boy sleeping on the street, next to another of a mangy dog? I bet everyone felt sorry for the dog and did not care much for the boy," roused one of them. The rest of the route was done in silence.

On another branch away from the plot are placed the Cosmococa, a reunion of five audiovisual works by Hélio Oiticica and Neville d'Almeida created in 1973. Built on a former pasture with little vegetation, the gallery is a type of labyrinth, where the five rooms of different sizes externally covered with a stone

Apresentação de Arto Lindsay na ocasião da inauguração do pavilhão de Barney

Presentation of Arto Lindsay at the opening of Barney's pavilion

finishing are isolated from each other; the gap between them therefore makes up the circulation and accesses. Accompanied by a guide, the elderly people who visited the area on Sunday morning left Cosmococa 2 after jumping on mattresses and listening to Yoko Ono. Two minutes later, at Cosmococa 4, the amazement continues, "May we go into the water?" asked a visitor. "In underwear or swimsuit, yes," answered the monitor to the sound of John Cage. "Guys, there are towels!" Said another visitor, finding the pool dressing room. "This here is so the crazy people can go bathing." In summer, the pool is packed.

Grande Galeria is set to be built in front of Cosmococa. It is the most ambitious project to come: a building area of 4 thousand square meters, practically doubling the exhibition area. As with Paulo Orsini's warehouses, this is a gallery that brings together works by various artists in a space that can be continually visited. Is it not counter-intuitive, creating a type of museum within the proposed fragmentation that is Inhotim? "We realized that we ought to take a step back to regroup some works of the 60s. This will make more sense for the collection," mused Jochen Volz. The space will be divided into three overlapping levels which, like the neighbouring Cosmococa seem to be sprouting from the earth.

*

It was just before 10 p.m., when a lone flutist from the Orchestra began to warm up. At that moment, only 62 of the 400 white plastic chairs were occupied. In five minutes another 20 musicians were in place, an hour left to go before the show. As the mist dissipated, a small truck pulled up next to the stage. They unloaded three double basses protected by large aluminum cases. Lead by the conductor, the musicians began to play chords repeatedly in order to do a sound check. At 10:16, the last member, late, came on running. He put his finger on the machine that registers the presence and took his place. Separately, strings, woodwinds, brass and percussion performed a sound check, following the conductor's lead. At 10h37, the conductor came down from the podium, got a bottle of water from the cooler and left the stage. At that very moment the sun cut through the fog and flooded the front of the stage. The result: the disappearance of the fog caused a 22-minute delay, so that the orchestra could be moved three meters back.

The concert began with a piece by Glinka. Mingling, Bernardo Paz attended the presentation in his current wife's arms (who lives in São Paulo). He remained leaning against the monolith hauled by a turtle, a piece created by Zhang Huan of China and which marks the access to the old farm headquarters. The text engraved on the stone tells the story of an old man who "with the help of his descendents could move the mountains blocking the way to your home". Paz applauded enthusiastically the fourth song performed, the waltz artist's life by Johann Strauss II.

No primeiro domingo de julho de 2011, Inhotim lotou para ver a apresentação ao ar livre da Orquestra Sinfônica de Minas Gerais

On the first Sunday of July 2011, Inhotim was crowded for the open air presentation of the Symphonic Orchestra of Minas Gerais

Close to the Oiticica restaurant, three train whistles could be heard at 12:38. Following the presentation, the restaurant filled up (it serves a decadent buffet at a cost of 50 reais per kilo). Some tables were reserved for the musicians, and an hour later, more than 50 people were waiting in line for lunch.

*

The Oiticica restaurant was designed by a young team of architects from Minas formed by Maria Paz and Thomas Regatos. Bernard's niece, she is 30 years-old and, before graduating in architecture in Belo Horizonte, worked in Luxembourg at the office of Dutch Jo Coenen. In July 2011, he returned to his homeland after a year and a half of Masters in Cornell in the United States. In his luggage, he brought a Russian assistant and a Turkish architect, who will join the group. "Thomaz used to e-mail me about everything and we talked a great deal, but, even then, he was a little distant vis-à-vis the production", she explained, while seated at the drawing board in the duo's office, which was situated on the 11th floor of a building in the Belvedere neighborhood (currently they work across from Inhotim's office in Belo Horizonte, in close proximity to Liberdade Square). Maria is quiet, affects a coy air and has a doll face. Regatos is five years older, has long hair and is verbose, completed a master's degree in Barcelona and worked with Emilio Donato. Eight years ago they established the Rizoma office, which began doing small jobs for Inhotim such as washrooms and food kiosks. The first major commission was the restaurant. Then came the botanical shop, Lygia Pape's gallery and Tunga's new gallery (a more than five-fold increase from the previous one), all inaugurated in 2011. "It's a privilege to work in Inhotim," said Regatos, while having lunch at a restaurant in the neighbourhood of Lourdes. "We have freedom to do projects with interesting programs."

Maquete do hotel em Inhotim, desenhado por Freusa Zechmeister

Model of hotel in Inhotim, designed by Freusa Zechmeister

Virgínia, mother of Maria, also helps in the work. A former handywoman of Inhotim, she knows the desires of the customer as no one else. "There, everything is always urgent and, halfway through, it changes," she instructs. Inhotim is still the main customer of Rizoma, but the team is starting to carry out other works such as a metropolitan terminal in Contagem, city of Greater Belo Horizonte.

*

The sculpture *Beam drop Inhotim* (2008), by American Chris Burden, is made of old steel beams that were dipped in late June 2008 in a pool of fresh concrete. It is to the side of *Beam drop* that Inhotim will grow. For now, the bottleneck for the institute's development is infrastructure. The Oiticica restaurant represents and advancement is this sector: built in four months, it has been meeting the visitors' demand for food, which increases almost 50% per year.

At the end of last decade, the board of Inhotim outlined some strategies for organizing the growth of the place. At the time, a great number of professionals were working on independent projects. Gustavo Penna, who is ahead of the most organized architecture firm in Minas, developed the design of the convention center. The Triptyque, based in São Paulo and led by a Franco-Brazilian team, did an exhibition area. Siegbert Zanettini, a dean of São Paulo architecture, drew a greenhouse, named Greenhouses, with five transparent domes, for an ambitious botanical center. And Freusa Zechmeister, from Minas, was designing a hotel-boutique. To organize, the office of the Swiss architect living in Brazil Henri Michel Fournier joined in, He is known, among other things, for making real estate master plans. He coordinated rounds of meetings at the *Espaço Tamboril*, where the old farmhouse used to be, and tried to fit others into the logic of his plan. However, more than the sparks produced by friction between professionals, what lead projects to the drawer (or the freezer) was the financial crisis that made the world economy get stuck in 2009. But not all were hit. "Hi Freusa. What about my project?" Bernardo asked on the phone, just after lunch at the red dining room table in the great space where he receives his guests. "We are doing it," she answered. "But when does this participle become past tense Freusa?," He replied as he smoked one of the cigarettes that added up to four packs by the end of the day. After hanging up, he said, proudly, that the project was not ready because he had chosen "an artist" to do it.

*

Bernardo Paz and Freusa are old acquaintances. Before opening Inhotim to the public, he invited her to go to his refuge, where he also had Tunga as a guest. The manager gave her the hint to draw the artist's pavilion. As she already had a commitment on that date, she declined the offer (which sometimes recurred). "It will not work," she argued. "You have your way and I have mine: better stay that way, because we'll fight," she predicted. With a reputation of being hot-tempered, Freusa is the daughter of an Austrian architect-engineer who immigrated to Brazil. She chose the profession at age seven, when her father left

Começa a montagem de mais uma exposição em Inhotim

Assembly of a new exhibition starts in Inhotim

Em outubro de 2011, Virgínia Paz, Bernardo Paz, Ingo Maurer, Maria Paz e Thomaz Regatos se encontram em Munique

In 2011 October, Virgínia Paz, Bernardo Paz, Ingo Maurer, Maria Paz and Thomaz Regatos met in Munich

home. "I decided I would be an architect, not marry nor have children," she said sitting in her workroom, which occupies two rooms of a residential property on the ground floor of a low building located in the neighbourhood of Sion, Belo Horizonte. At age 75, Freusa is a loner, does not give interviews or publish her projects. "I can't handle," she explained, saying she does not like to expose herself.

With persistence, Paz finally managed to hire her. Not yet in Inhotim: she created a mix of antique and gallery in Belo Horizonte, designed for one of the entrepreneur's wives. Finally, he convinced her to create a hotel in Inhotim, an ambitious hotel-boutique project, which brings a twinkle to the eyes of its Maecenas. "I always wanted to make a hotel," said Freusa, "I told Bernardo: I'll move there for two years to monitor the construction."

*

The execution of works is what made Freusa fear doing a project for Inhotim. Meticulous and demanding, her expression depends on details executed with perfection. "Bernardo told me that I'll be able to recommend for the construction of the building people who normally work with me," she said over dinner at a seafood restaurant in the neighbourhood of Lourdes. To centralize the process and lower costs, almost all buildings of Inhotim are made with its own team. "My luck is that they hired a foreman from out of town who was very good with concrete," said Cerviño about the Adriana Varejão's pavilion. "And the team brought by Freusa saved the finishing," he added. Paz seeks to maximize his resources and focuses on the art pieces, which he also reviews with a magnifier. "No gallerist makes money from me," he said. They know what it means for the career of an artist to have a pavilion in Inhotim. Naming names, he says that some will never enter and others "got rich," and that "the smartest ones" are donating works for the institute. He is solicited by famous Brazilian architects who offer work for free, and Inhotim begins to arouse the interest of foreigners. Among others, Brumadinho had visitors such as Americans Richard Meier and Steven Holl. Englishman Norman Foster, who has one of the biggest firms in the world, combining scale and quality as no one else, has landed his own silver plane at Confins Airport and slept at Bernardo Paz's house. The Englishman said he wants to do a project for Inhotim. "But you will not charge me one million dollars," replied Paz. On this subject, Foster asked him to talk to his wife. "We do not need stars doing projects," said Volz. "We want to work with people who are nearby. The projects developed by Arquitetos Associados and Rizoma will make a difference in their career and are helping us to tread a path. "The presence of Foster in Inhotim at least served to initiate a romance between the institute and Anish Kapoor, Indian artist living in England and friend of the English architect.

*

It was five to five in the afternoon when the train whistled again. In front of the pavilion of Adriana Varejão, a little girl told her mother: "There is something destroyed there." The mother replied that was not the kind of art that she loves. "Mom prefers art that is soft on the eyes, understand?" Then she said to her husband: "Honey, this tour was worthwhile, huh?"

The store was full, with less than half an hour to close Inhotim. The visitation record was almost hit, the box office recorded 4,079 visitors.

Passing a small metal ring from finger to finger, a mania that he has carried from childhood, Bernardo Paz says "Inhotim is ready in my head. And the expectation to see everything working is enormous. So far 10% is done". Paz left the direction of his companies in the hands of executives and goes to two council meetings per month in Belo Horizonte. He says he is too lazy to get out of Inhotim. Declines invitations and lives his dream 24 hours a day, taking sleeping and "waking" pills "as well." Loneliness is an option. He has plans to build hotels, condominiums, golf courses. He even has a plot of land reserved for an airport. "This is a new way of life. Everything is very simple and the beauty redeems everything: there is no crime where there is beauty. Nobody needs to live in a big city, polluted, with no quality of life. People can work at home, exercise and eat healthful food," he mused. Is Inhotim a utopia? "No: it is reality. Several businessmen have approached me to create opportunities for housing in the region with sustainable constructions and using the name of Inhotim. They offered me 15% and I accepted," he confessed. To the sound of the photos from Miguel Rio Branco, hanging from the ceiling and slapping each other, he looked up, made movements with his hands and said: "Inhotim is a space in transformation, like the sky: you look at it, and it has a specific appearance, with a cloud of a certain format. A few minutes later, you look back and the shape has changed. When you least expect it, the cloud disappears." ■

Thomaz Regatos observa a concretagem da Galeria Lygia Pape, em Inhotim

Thomaz Regatos observes the concrete pouring of the Lygia Pape Gallery, in Inhotim

ensaio fotográfico photographic essay
Leonardo Finotti

Bancos criados por Hugo França Benches created by Hugo França

Folly (2005/2009), Valeska Soares

De lama lâmina (2009), Matthew Barney

Bisected triangle (2002), Dan Graham

Sem título (2009), Edgard de Souza

Através (1983), Cildo Meireles
O assassino dos corvos (2008), Janet Cardiff & George Bures Miller

True Rouge (1997), Tunga

Beehive Bunker (2006), Chris Burden

Beam drop Inhotim (2008), Chris Burden

Viewing Machine (2001), Olafur Eliasson

By Means of a Sudden Intuitive Realization (1996), Olafur Eliasson

Piscinas (2009), Jorge Macchi

Elevazione (2000), Giuseppe Penone

Abre a Porta (2006), John Ahearn/Rigoberto Torres

Continente/Nuvem (2008), Rivane Neuenschwander

Desert Park (2010), Dominique Gonzalez-Foerster

Vegetation Room Inhotim (2010), Cristina Iglesias

Rodrigo Cerviño Lopez
Galeria Adriana Varejão (2004/2008)

Localizada em um recanto a oeste do núcleo original (e pouco notada de longe), a Galeria Adriana Varejão foi a primeira obra de Inhotim que contou com intensa participação da artista na elaboração do projeto de arquitetura. Para isso, foi fundamental o fato de Adriana e Rodrigo Cerviño Lopez se conhecerem de projetos anteriores (entre outros, ele já havia desenhado o ateliê dela no Rio de Janeiro).

O pavilhão pode ser definido como um prisma regular, uma caixa de concreto pendurada em um terreno pendente (o cálculo estrutural foi realizado pelo escritório do engenheiro Mario Franco, um dos mais capacitados do país, e a calculista foi a engenheira Suely Bueno) que abriga dois espaços expositivos nos pisos fechados e um contemplativo, na cobertura. Um dos elementos-chaves do projeto é o percurso, com entrada e saída por lados e cotas diferentes, corroborando a ideia presente em toda a visitação do instituto. Assim, os elementos de circulação são importantes. O acesso, por exemplo, é marcado por um caminho que parece flutuar sobre um espelho d'água. No térreo estão expostas duas obras: a escultura *Linda do Rosário* (2004) e *O colecionador* (2008), óleo sobre tela realizado para o local. O trabalho de Adriana dialoga com o espaço, quase um trompe l'oeil, e por isso ela solicitou ao arquiteto um chanfro nas duas laterais que encontram a tela.

Seguindo o percurso, a escada que interliga os dois pisos flutua sobre o espelho d'água e desemboca no andar de cima, no centro da sala, que é dedicada a *Celacanto provoca maremoto* (2004/2008). Essa obra, exposta pela primeira vez na Fundação Cartier, em Paris, só possuía uma face e Adriana acrescentou outras três, fazendo com que ganhasse nova dimensão e indo mais longe na relação arte-arquitetura. Fixadas embaixo da laje da cobertura, *Carnívoras* (2008) são cinco telas que formam um políptico e retomam a tradição da pintura de forro. Elas podem ser observadas de diferentes pontos de vista a partir dos dois pavimentos cobertos. A ligação entre o primeiro piso e a cobertura é através de rampa que circunda um túnel descoberto no perímetro de três faces do cubo. Os bancos de azulejo do acesso e da cobertura são as obras *Panacea phantastica* e *Passarinhos: de Inhotim a Demini* (ambas de 2003/2008), criadas a partir da observação de plantas e pássaros da região. Finalizando o percurso, uma passarela interliga, em nível, a cobertura e a saída.

Located in a retreat west of the original nucleus (and hardly noticed from afar), Adriana Varejão Gallery was the first Inhotim work that counted on the intense participation of the artist in the elaboration of the architectural project. For such, the fact that Adriana and Rodrigo Cerviño Lopez knew each other from previous projects (among other things, he had already designed her studio in Rio de Janeiro) was crucial.

The pavilion can be defined as a regular prism, a concrete box hanging on a pendant lot (the structural calculation was done by the engineer Mario Franco's office, one of the most capable engineers in the country, and the calculation engineer was Suely Bueno) that shelters two exposition spaces on the closed floors and one contemplative space in the last floor. One of the project's key-elements is the route, with entrances and exits on different sides and levels, corroborating the idea present throughout the visitation to the institute. Thus, the circulation elements are important. The access, for example, is marked by a route that seems to float on a reflecting pool. On the ground floor, two works of art are exposed: the sculpture *Linda do Rosário* (2004) and *O colecionador* (2008), an oil painting made for the place. Adriana's work converses with the space, almost a trompe l'oeil, and therefore she asked the architect for a bevel on both sides that meet the canvas.

Following the route, the stairs that interconnects both floors floats over the reflecting pool and ends on the top floor, in the middle of the room, which is dedicated to *Celacanto provoca maremoto* (2004/2008). This work, exposed for the first time at the Cartier Foundation, in Paris, only had one side and Adriana complemented the other three, making the work gain a new dimension and extending the art-architect relationship. Fixed under the top slab, *Carnívoras* (2008) are five canvases that form a polyptych and resume the ceiling-painting tradition. They can be observed from different points of view from two covered floors. The connection between the first floor and the top floor is through a ramp that circles an open tunnel in the perimeter of three sides of the cube. The tile benches of the access and the top floor are the works *Panacea phantastica and Passarinhos: from Inhotim to Demini* (both from 2003/2008), created based on the observation of plants and birds of the region. Finishing the route, a leveled overpass interconnects the top floor and the exit.

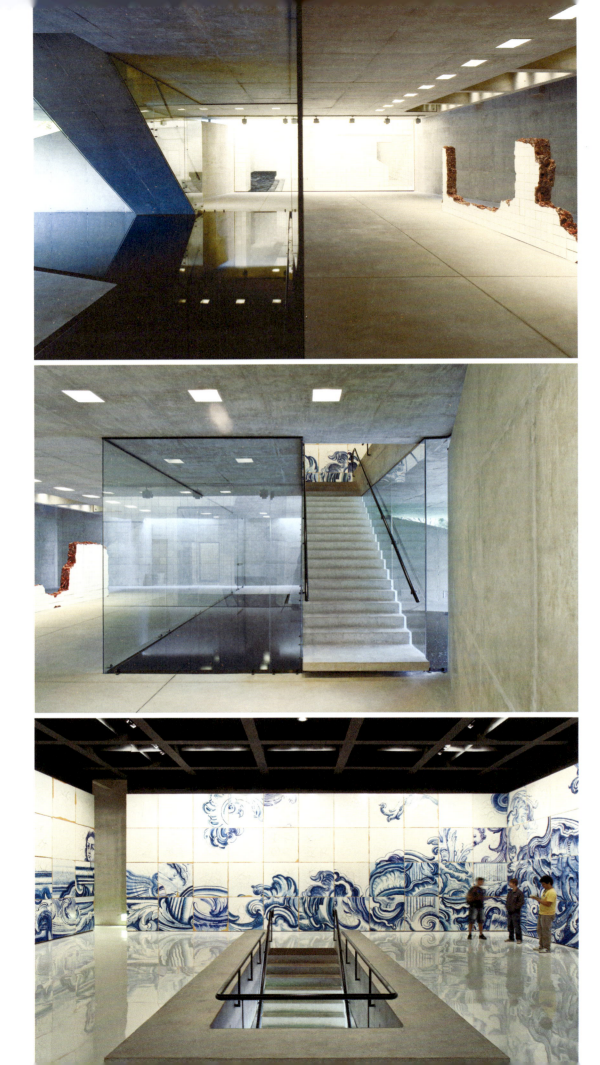

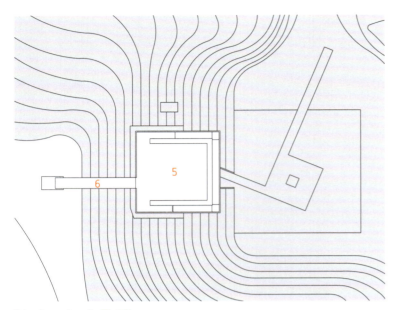

Primeiro pavimento First floor

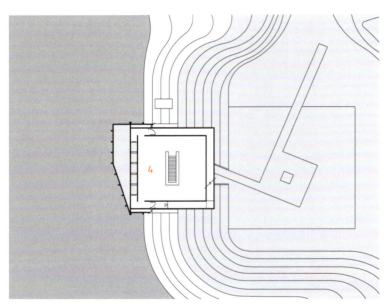

Térreo Ground floor

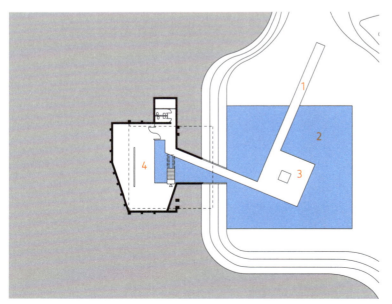

Implantação Site plan

1. Acesso Access
2. Espelho d'água Reflecting pool
3. Praça Square
4. Exposição Exhibition
5. Cobertura Roof
6. Passarela Walkway

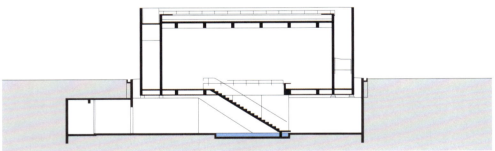

Corte transversal Cross section

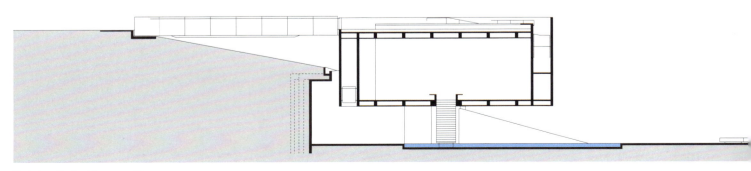

Corte longitudinal Long section

Experiência concentrada[1]
Concentrated experience

> Guilherme Wisnik

Inhotim, desde logo, faz pensar na Pampulha: um conjunto de pavilhões soltos num grande parque, ao redor de um lago. Com a diferença que nesse caso do impressionante projeto paisagístico, embora as construções, por outro lado, sirvam em geral como meros receptáculos para as obras de arte ali expostas. O resultado é uma dispersão pitoresca. O pavilhão Adriana Varejão, no entanto, apresenta uma espécie de experiência concentrada e solene da visita ao conjunto, mostrando o quanto a arquitetura pode ser capaz de potencializar a apreensão estética. Aparentemente encravada em uma pendente natural, a caixa cega de concreto balança sobre a praça de entrada, cobrindo um espelho d'água que provém do exuberante jardim externo e avança até o fundo escuro do edifício, envolvendo a escada de acesso à laje superior. Tudo então é percurso.

Uma estudada promenade architecturale: a escada "bóia", e a construção se comprime e levita à medida que a escalamos. Do outro lado simultaneamente, o edifício é suspendido pela viga-empena do fundo, destacando-se do terreno por uma fresta corrida coberta por clarabóia. Não se trata de exibicionismo técnico. O jogo entre peso e suspensão reforça o sentido de passagem, de retraição e expansão. No interior a natureza reaparece como fragmento replicado nos "Azulejões" da artista, cuja moldura quadrada já se insinuava desde fora nas marcas das fôrmas que "desenham" o concreto.

Se a obra de arte fala da dialética entre superfície e carnalidade, cruzando o decorativo e o escatológico, a arquitetura não se furta ao problema. As fôrmas ausentes são, ao seu modo, azulejos ao revés, já que revelam a superfície em formação, e não o seu revestimento. Por fim, tomamos um circuito de rampas emparedadas que conduzem ao terraço-jardim, situado agradavelmente na altura das copas das árvores, de onde se descortina uma bela vista ao parque. Cruzando a passarela alta, por essa cota, o passeio continua indefinidamente. E a arquitetura deixa de ser monumento para tornar-se elemento de ligação, lugar de passagem. Apenas uma caixa escura pousada na natureza.

Inhotim, from the onset, reminds one of Pampulha: a loose set of pavilions in a large park around a lake. Except in this case, about the impressive landscape, although the buildings, on the other hand, are normally used as mere receptacles for the art works exhibited in them. The result is a picturesque dispersal. The Adriana Varejão pavilion, however, presents a class of concentrated and solemn experience when visiting the set, which shows how architecture can enhance the esthetic perception. Apparently suspended on a natural slope, the concrete blind box is cantilevered at the entry plaza, over a mirror of water that comes from the lush outdoor garden and goes into the dark background of the building, involving the access ladder to the upper slab. So far, everything is a course.

A promenade architecturale study: the staircase "floats", and the construction compresses and levitates as we climb it. On the other side, simultaneously, the building is suspended by the back beam wall and stands out from the land through a running gap covered by a skylight. It is not technical exhibitionism. The relation between weight and suspension reinforces the sense of passage, a retraction and expansion. Inside, nature reappears as a fragment replicated in the "Azulejões" (large tiles) of the artist, whose square frame was insinuated once outside in the forms that "draw" the concrete.

If the artwork speaks of the dialectic between surface and carnality, crossing the decorative and the eschatological, the architecture does not shirk the problem. The absent molds are, inside out tiles, since they reveal the surface in formation, not its covering. Finally, we take a circuit of walled in ramps leading to the terrace garden, pleasantly situated at the height of the trees, from which a beautiful view of the park unfolds. Crossing the high footbridge through this level, the tour continues indefinitely. And the architecture is no longer a monument to become a linking element, a passing place. Barely a dark box nestled in nature.

---

1. Ensaio publicado originalmente em *Projeto Design* nº 340, de junho de 2008.

Essay originally published in *Projeto Design* nº 340, June 2008.

Galeria Adriana Varejão
Local **Location** Brumadinho, MG
Data do início do projeto **Project date** 2004
Data do término da obra **Completion date** 2008
Área construída **Built area** 558 m²
Arquitetura **Architecture** Rodrigo Cerviño Lopez (autor author); Fernando Falcon e Eduardo Chalabi (colaboradores collaborators); Marcus Vinícius dos Santos (estagiário intern)
Estrutura **Structure** JKMF – Suely Bueno
Gerenciamento **Management** Felipe Salim e Janaína Mello
Fotos **Photos** Leonardo Finotti

Arquiteturas de minério e arte

> Fernando Luiz Lara

Em Minas diz-se desde sempre que o minério só dá uma safra. O ditado, que vale tanto para os tempos de opulência quanto para os de carestia, é tão antigo quanto a descoberta do ouro e define bem o caráter da terra. Basta pensar em tantas cidades formadas em torno de tantas minas, esvaziadas e empobrecidas depois de vendidas as pedras. No entanto, em Inhotim, no extremo oeste do quadrilátero ferrífero, as minas de Bernardo Paz já vão pela quarta colheita. Depois do minério propriamente dito, da excepcional coleção de arte e do exuberante paisagismo, uma série de edifícios conforma uma safra de arquitetura que vai aos poucos desafiando o velho ditado.

Uma arquitetura que às vezes funciona como simples abrigo e outras vezes ousa dialogar com a arte ali dentro exposta, mas que sempre (ou quase sempre) ajuda a localizar essas obras no lugar onde estão. Uma arquitetura que permite que a arte aterrisse em Inhotim sem parecer que pode fugir a qualquer momento. Este é o seu maior desafio: abrigar a arte enquanto negocia sua relação com a paisagem, valorizando ambas.

No caso do *Som da terra* (*Sonic Pavilion*, obra de Doug Aitken), a arquitetura foi criada pelo próprio artista, é parte integrante da obra. Para ouvir o som de microfones colocados a cerca de 200 metros de profundidade, Aitken desenhou um pavilhão circular de vidro, revestido com uma membrana que permite transparência total apenas a 90 graus com a tangente e se torna mais opaca à medida que a visão se faz mais oblíqua. Como o espaço é cilíndrico, apenas um ponto dá ao visitante a visão panorâmica de Inhotim ao longe e do jardim de pedras de minério que o rodeia: o centro, com o buraco de 200 metros abaixo e um pequeno óculo acima. Uma arquitetura feita para que um único ponto permita o contato com a paisagem: horizonte, zênite e as profundezas de onde vem o som.

No extremo oposto do conjunto, um pouco abaixo da *Beam drop*, de Chris Burden, uma réplica da Maison Tropicale de Jean Prouvé (*Palm Pavilion*, de Rirkrit Tiravanija) desenha

Sonic Pavilion (2009), Doug Aitken

uma relação completamente diferente com a paisagem. Ícone do colonialismo que se fez tão presente na arquitetura moderna, a cabana de metal perfurado ironiza a tradição ocidental de tão eurocêntrica. Enquanto Loos bradava que a arquitetura deveria ser sóbria e uniforme como as roupas masculinas, o pavilhão de Prouvé amplifica a ironia de Tiravanija e grita que o rei está nu.

Já a nudez conceitual da série *Cosmococa*, de Hélio Oiticica e Neville d'Almeida, encontra sua roupagem na sobriedade da arquitetura dos Arquitetos Associados. As cinco salas onde se instalam as paradigmáticas obras tropicalistas foram organizadas em um edifício discreto com quatro entradas diferentes, que permitiriam ao visitante percorrê-las em qualquer ordem, sem indução ou hierarquia no percurso. Por dentro, as instalações dominam completamente o conjunto. Do lado de fora, é a paisagem que se impõe. O edifício escuro tende a desaparecer em contraste com o entorno, não fossem os muitos ângulos que negociam o encontro do verde da grama com o azul do céu. Em reve-

Fotos Leonardo Finotti

crítica

rência às *Cosmococas,* a arquitetura se faz pano de fundo, suporte, estrutura, uma interpretação radical da teoria de espaços servidos/espaços de serviço de Louis Kahn.

Estrutura também é a tônica daquele que foi cronologicamente o primeiro exemplar da boa safra arquitetônica em Inhotim: a Galeria Adriana Varejão, projetada por Rodrigo Cerviño Lopez em 2005. Se os primeiros pavilhões eram tímidos e genéricos, sem nenhuma ambição de dialogar com as obras paradigmáticas que abrigam, a galeria Varejão inaugura uma fase mais ousada, em que a arquitetura encara o desafio de Inhotim.

Para quem chega por baixo, o edifício se mostra bastante paulista, com suas quatro empenas cegas dispostas contra um talude e elevadas do solo. Mas a ortodoxia é abandonada assim que o visitante se aproxima, o azul do espelho d'água emoldurando a brancura do banco *Panacea phantastica*, que anuncia o tema: azulejos para um outro grau de consciência. Se na arquitetura moderna o papel do azulejo é de revestimento, de protetor da arquitetura, a galeria Varejão inverte essa relação, com o concreto protegendo a obra que se refere ao tradicional azulejo. Depois da antessala, com as pupilas ajustadas para a luz refletida no concreto à la Tadao Ando, as entranhas de *Linda do Rosário* dominam o espaço como se fossem ruínas de um passado distante. Atraído pelas *Carnívoras* (feitas especialmente para aquele local), o visitante sobe as escadas depois de outra volta e chega à sala principal – para *Celacanto provoca maremoto*–, que seria perfeita se não fossem uns poucos centímetros em que os painéis se sobrepõem. Outra volta, outra visão das *Carnívoras*, outra escada e alcança-se o terraço com o banco *Passarinhos: de Inhotim a Demini*, também confeccionado para aquele lugar. Aqui, depois de dois lances de escada, três rampas e três curvas de 90 graus, o edifício joga o visitante de volta na paisagem de Inhotim, antes de devolvê-lo à terra por uma pequena ponte que dá acesso à crista do talude. Os mais perspicazes, quando olham para trás, chegam a ver por uma fração de segundo a distante mas não menos especial Orlândia.

Palm Pavilion (2006/2008), Rirkrit Tiravanija

Do mais paulista dos edifícios passemos para o mais mineiro deles: a Galeria Miguel Rio Branco, projetada por Arquitetos Associados. O programa em tudo se parece com a galeria Varejão. Duas salas em níveis distintos, colocadas contra um talude natural (quase tudo é inclinado na região das minas) e obrigatoriamente cegas, já que a arte (e seus curadores) assim o pede. Mas se Cerviño Lopez respondeu com o concreto aparente para contrastar com a azulejaria iconográfica de Adriana Varejão, os Associados usaram o aço corten para enfrentar a obra corrosiva de Miguel Rio Branco. Para os que conhecem a trajetória do grupo de arquitetos, fica patente o resgate do projeto vencedor do concurso para a sede do Grupo Corpo, feito em parceria com Éolo Maia e Jô Vasconcelos, em 2001 (eles juram que nem pensaram nisso). Além de importante na trajetória dos profissionais e última grande obra de Maia, foi na segunda fase dessa competição que eles conheceram a paulista Paula Zasnicoff Cardoso, que dois anos depois viria completar o premiado quinteto, fazendo ainda a ponte com Inhotim.

Para Miguel Rio Branco, os cinco arquitetos colocaram uma sala maior de paredes inclinadas em cima de uma menor, numa seção que lembra um navio encalhado a 500 quilômetros do mar. A sala menor, enterrada e quase invisível para quem chega, é acessada por uma escada que sai da plataforma intermediária na crista do primeiro talude. Essa plataforma também convida o visitante a entrar por debaixo da grande laje e descobrir um pequeno café e espaço de descanso antes de tomar fôlego para subir outro lance de escada até a sala maior (ou salas maiores, já que elas podem ser rearranjadas). Adentra-se o volume principal, uma arca distorcida envolvida por placas de aço corten, como o bojo mesmo do navio. Esse sólido que em tanto lembra o auditório do Corpo de dez anos atrás é na verdade uma caixa simples apoiada em uma grande laje nervurada (quase um metro de alma) e coberta com uma laje pré-fabricada comum, com as entranhas expostas pelo lado de dentro. Como na fotografia de Miguel Rio Branco, em que as marcas do corpo exultam humanidade em situações de marginalidade, as colunas e vigas tornadas visíveis por um tempo infinitesimal pelos slides da instalação mostram uma arquitetura crua, direta, rasgada mesmo. Na Galeria Miguel Rio Branco, os Associados conseguiram fazer uma arquitetura que não apenas abriga a obra como responde a ela, criando um diálogo que alguns diriam ser demasiadamente ousado mas que cabe como uma luva (ou como um soco?) no discurso do artista. A pele do edifício mudando a cada dia, a oxidação avançando ao mesmo tempo em que protege e dignifica a casca/casco estanque, revelando-se pela luz dos slides de Miguel Rio Branco que, por sua vez, também são pele, oxidação, envelhecimento, dignidade.

Neste ponto me permitam sair um pouco do debate sobre arquitetura e arte para dizer da feitura desses objetos. Há muito aprendi com Howard Davis que não existe boa arquitetura sem um entendimento preciso da tectônica local, a building culture. Pois a pertinência dessa galeria é para mim ampliada pelo fato de que foi construída por um serralheiro local, seu Gabriel. É claro que ser serralheiro em Inhotim não é trabalho comum: seu Gabriel já viu (e ajudou a preparar) vigas de 20 metros caindo das alturas em uma piscina de concreto (*Beam drop*), ou um buraco de 200 metros de profundidade para se ouvir o som da terra. O fato de tudo em Inhotim ser construído por equipes locais, sem orçamentos pormenorizados ou dezenas de pranchas de detalhes, traz um pouco de Lina Bo Bardi para essa mistura cosmopolita à base de minério e arte.

Outro prédio que tem um pouco de Lina é o restaurante Oiticica. Localizado bem atrás da *Magic Square* do artista que dá nome ao espaço, ele é projeto dos jovens Maria Paz e Thomaz Regatos. Uma caixa simples com a luz modulada pelos painéis gigantes da fachada. O abrir e fechar dessas placas de metal perfurado permite diversas relações entre o dentro e o fora, tema principal da arquitetura de Inhotim. Piso de cimento queimado, colunas de concreto saído direto das fôrmas de papelão, lajes também marcadas pelas fôrmas de madeira que as fizeram – tudo cru e direto, simples ao extremo. Para iluminar melhor a área de trabalho, as lajes de forro se quebram na diagonal dos pontos de apoio e esses triângulos retângulos resultantes são como que dobrados, gerando janelas altas abertas para a luz do sul e do leste. Um pouquinho de poesia se mostra ao olhar mais atento: cada uma dessas lajes triangulares inclinadas tem nela engastados dois macacos hidráulicos. Parte do processo de construção ou mais uma obra de arte? Os dois, já que foi um calculista inseguro que insistiu na necessidade do suporte e um artista amigo dos arquitetos quem sugeriu os macacos. Inhotim puro.

Se o restaurante parece estar perto demais do *Magic Square* é porque ali do lado se encontra o edifício que melhor articula a relação com o espaço circundante, pela extrema discrição da sua inserção e pela forma com que absorve o entorno. E por mais paradoxal que seja não é uma galeria, e sim o centro educativo de Inhotim, que leva o nome de Roberto Burle Marx. A estratégia da discrição foi parâmetro norteador do projeto de Alexandre Brasil e Paula Zasnicoff. Funcionando literalmente como uma ponte entre a entrada do complexo e a área do restaurante e da obra de Oiticica, a edificação se organiza em um pavimento único que aproveita a depressão de um pequeno lago para se esconder na paisagem. A cobertura unifica as três barras distintas do programa: salas de aulas, biblioteca e teatro/hall/bar. Os retângulos das salas de aulas e da biblioteca se projetam sobre o pequeno lago, com circulação livre no perímetro do volume e paredes que nunca tocam as lajes, sempre abertas à luz e à ventilação pelo alto. Um brise feito de tubos metálicos pende da laje e reforça a horizontalidade do conjunto. O outro retângulo, atravessado em relação aos dois primeiros e construído sobre terra firme, tem vários níveis de piso diferentes que articulam praça de entrada, bar, hall, foyer e o teatro propriamente dito. Onde quer que se esteja no edifício a paisagem acompanha, às vezes de forma marcante, como no lago entre os pavilhões, às vezes de forma sutil, como nas frestas entre a laje e os arrimos.

E é na cobertura que o edifício revela em pequenos e grandes detalhes o que tem de melhor. Na escala da paisagem, ela funciona como datum horizontal que coloca o prédio sóbria e discretamente no contexto. Na escala da edificação, unifica o conjunto, enquanto abaixo dela as mudanças de piso dão caráter diferenciado aos espaços. Na escala do detalhe, a ausência de guarda-corpo reforça a horizontalidade e a discrição, enquanto a segurança dos visitantes é resolvida com o espelho d'água e plantas que dirigem o caminhamento. O desenho das placas do piso, eficientemente cortadas apenas de três maneiras diferentes e sem perdas, lembra a geometria de Burle Marx (cabe ressaltar que o nome do centro educativo foi escolhido depois de concluída a obra). E como o edifício está em Inhotim, o *Narcissus garden*, da japonesa Yayoi Kusama, dá um charme extra à cobertura com suas 500 esferas de aço inox se movendo pelo espelho d'água, ao sabor do vento.

Em Inhotim, o minério segue dando repetidas safras e, em resposta aos desafios do projeto curatorial, jovens e talentosos arquitetos vão interferindo nos destinos das minas gerais. ■

Mineral and art architecture

> Fernando Luiz Lara

In Minas, it has always been said that minerals are a one-time crop. The saying, which works for both times of opulence and times of scarcity, is as old as the discovery of gold and defines the character of the region very well. Just think about the many cities formed around so many mines, depleted and made poor after the stones were sold. Nonetheless, in Inhotim, in the extreme north of the ferriferous quadrilateral, the mines in Bernardo Paz are heading towards their fourth harvest. After the mineral, the exceptional art collection and the exuberant landscape, a series of buildings forms an architectural crop that gradually challenges the old saying.

An architecture that sometimes works as a simple shelter and other times dares to converse with the art exposed in it, but which has always (or almost always) helps locate these works exactly where they are. An architecture that allows this art to land in Inhotim without seeming as if it would flee at any second. That is its greatest challenge: shelter the art as it negotiates its relation with the landscape, valuing both.

In the case of *Som da Terra* (*Sonic Pavilion*, a masterpiece by Doug Aitken), the architecture was created by the artist himself, it is an integral part of the work. To hear the sound of microphones placed 212 meters deep, Aitken designed a circular glass pavilion lined with a membrane that allows for complete transparency only when seen at a tangent of 90 degrees, turning more opaque as the view becomes more oblique. Since the space is cylindrical, only one vantage point grants to the visitor the panoramic view of Inhotim afar and of the mineral rock garden that surrounds it: the center, with a 200-meter deep hole and a small spyglass above. Architecture created so that a single point allows for contact with the landscape: horizon, zenith and the depths from where the sound comes.

In the far opposite of the estate, slightly below the *Beam drop*, by Chris Burden, a replica of Jean Prouvé's Maison Tropicale (*Palm Pavilion*, by Rirkrit Tiravanija) designs a completely different relation with the landscape. An icon of the colonialism that is so present in modern architecture, the perforated metallic shack mocks western tradition for being so Eurocentric. While Loos claimed that architecture should be as sober and uniform as men's clothing, the Prouvé pavilion amplifies Tiravanija's irony and shouts out that the king is naked.

On the other hand, the conceptual nudity in *Cosmococa*, by Hélio Oiticica and Neville d'Almeida, finds its garments in the sobriety of the architecture by Arquitetos Associados. The five rooms in which the paradigmatic tropicalist works are installed were organized in a discrete building with four different entrances, which would allow the visitor to walk through them in any order, without any induction or hierarchy in the route. Inside, the installations dominate the complex completely. Outside, the landscape imposes itself. The dark building tends to disappear in contrast with its surroundings, if it weren't for the many angles that negotiate the meeting

Fotos Leonardo Finotti

critics

between the green grass and the blue sky. In a reverence to *Cosmococa*, the architecture becomes a background, a support, structure, a radical interruption of Louis Kahn's served-spaces/ spaces-to-serve theory.

Structure is also the tonic of that which chronologically was the first specimen of the good architectural crop in Inhotim: Adriana Varejão Gallery, designed by Rodrigo Cerviño Lopez in 2005. If the first pavilions were shy and generic, without any ambition of dialoguing with the paradigmatic works they shelter, Varejão Gallery inaugurates a bolder phase where architecture takes on Inhotim's challenge.

For those that arrive from below, the building seems very São Paulo like, with its four blind gables arranged against a talus and raised from the floor. But the orthodox character is abandoned as soon as the visitor comes closer, the blue of the reflecting pool framing the whiteness of the *Panacea phantastica* bench, which announces the theme: tiles for another degree of awareness. If in modern architecture the role of the tile is that of lining, to protect the architecture, Varejão Gallery inverts that relationship, with the concrete protecting the work that refers to the traditional tile. After the vestibule, with the pupils adjusted to the light reflecting on the concrete, Tadao Ando style, the lines of *Linda do Rosário* dominate the space as if they were ruins of a distant past. Attracted by the *Carnívoras* (created specifically for that space), the visitor climbs the stairs after another tour and arrives at the main room – to *Celacanto provoca maremoto* –, which would be perfect if it weren't for a few centimeters in which the panels over impose. Another tour, another view of the *Carnívoras*, another flight of stairs and we reach the balcony with the *Passarinhos de Inhotim* (Inhotim Birds) bench, also made specifically for that place. Here, after two flights of stairs, three ramps and three 90-degree curves, the building throws the visitor back to the Inhotim landscape, before returning him to the earth through a small bridge that grants access to the ridge of the talus. The keener eyes, when looking back, are able to see, for a fraction of a second, the distant, but not less special, Orlândia.

Magic Square #5 (1977), Hélio Oiticica

From the most São Paulo like buildings, let us go to the most Minas Gerais of them: Miguel Rio Branco Gallery, also designed by Arquitetos Associados. The program is the image of Varejão Gallery in everything. Two rooms in different levels, positioned against a natural talus (almost everything is tilted in the region of the mines) and mandatorily blinded, since the art (and their curators) asked for that. But if Cerviño Lopez answered with the apparent concrete to contrast with Adriana Varejão's iconographic tiling, Associados used weathering steel to face the corrosive work by Miguel Rio Branco. For those that know the trajectory of the group of architects, the rescue of the winning project at the competition for the headquarters of the Corpo Group is clear, done in a partnership with Éolo Maia and Jô Vasconcelos, in 2001 (they swear they never thought about that). Besides being important in the trajectory of the professionals and Maia's last great work, it was in the second part of the competition that they met Paula Zasnicoff Cardoso, form São Paulo, who two years later would complete the awarded quintet, also establishing a bridge with Inhotim.

To Miguel Rio Branco, the five architects placed a bigger room with tilted walls on top of a smaller one, in a section that remits to a ship run aground 500 kilometers from the sea. The smaller room, buried and almost invisible to those that arrive, is accessed by a staircase that leaves the intermediate platform at the ridge of the first talus. This platform also invites the visitor to enter through under the large slab and discover a small café and a rest space before catching his breath to climb another flight of stairs to the bigger room (or bigger rooms, since they can be rearranged). The visitor enters the main volume, a distorted arc wrapped in weathering-steel plates, like the actual belly of a ship. This solid that so much reminds us of Corpo's auditorium ten years ago is actually a simple box supported on a large grooved concrete slab (a core of almost one meter) and covered with an ordinary pre-fabricated slab, with the grooves exposed on the inside. As in Miguel Rio Branco's photograph, in which the marks of the body exult humanity in outlaw situations, the columns and beams made visible for an infinitesimal time through the installation slides depict a raw, straightforward, actually torn architecture. At Miguel Rio Branco Gallery, Associados were able to create an architecture that not only shelters the work but also answers it, creating a dialogue that some would say is excessively bold, but fits like a glove (or like a punch?) in the artist's discourse. The building's skin changing every day, the oxidation advancing at the same time it protects and dignifies

Sonic Pavilion (2009), Doug Aitken

the drained peel/hull, revealing itself through the light of Miguel Rio Branco's slides that, in turn, are also skin, oxidation, aging, dignity.

At this point, please allow me to slightly flee from the debate on architecture and art to talk about the production of these objects. A long time ago, I learned with Howard Davis that there is no good architecture without a precise understanding of the local tectonics, the building culture. Because the pertinence of this gallery is broadened to me for the fact that it was built by a local metalworker, Mr. Gabriel. Of course that being a metalworker in Inhotim is no ordinary job: Mr. Gabriel has already seen (and helped prepare) 20-meter beams falling from above into a pool of concrete (*Beam drop*), or a 200-meter-deep hole to hear the sound of the Earth. The fact that everything in Inhotim is built by local teams, without detailed budgets or dozens of detailed drawings, brings a little of Lina Bo Bardi to this cosmopolitan mix based on minerals and art.

Another building that has a little of Lina is the Oiticica restaurant. Located right behind the *Magic Square* by the artist that gives the name to the space, it is a project of the young Maria Paz and Thomaz Regatos. A simple box with the light modulated by the gigantic panels on the facade. The opening and closing of these perforated metal plates allows for several relations between the inside and the outside, the main theme in Inhotim's architecture. Burnt cement floor, concrete columns freshly out of the cardboard molds, slabs also marked by the wood molds that made them – everything raw and straightforward, simple to the extreme. To light up the workspace better, the ceiling slabs break diagonally from the support points and the resulting triangles and rectangles seem to be folded, resulting in high windows open to the sunlight and the east. A little bit of poetry is revealed to the more attentive eye: each one of these tilted triangular slabs has two hydraulic jacks coupled to them. Part of the construction process or another masterpiece? Both, since it was an insecure calculation engineer that insisted in the need for the support and an artist, a friend of the architects, suggested the jacks. Pure Inhotim.

If the restaurant seems to be too close to the *Magic Square*, it's because next to it is the building that best articulates the relation with the surrounding space, for the extreme discretion of its insertion and by the way it absorbs the surroundings. And no matter how paradoxical it may be, it isn't a gallery, but the Inhotim education center, which carries the name of Roberto Burle Marx. The discretion strategy was a guiding parameter in Alexandre Brasil and Paula Zasnicoff's design. Literally working as a bridge between the entrance to the complex and the restaurant area and Oiticica's work, the building organizes itself in a single floor that takes advantage of a depression of a small lake to hide in the landscape. The roof joins the three different sections of the program: classrooms, library and theater/hall/bar. The rectangle of the classrooms and the library project themselves over the small lake, with free circulation in the perimeter of the volume and walls that never touch the slabs, always open to the light and ventilated through the top. A brise-soleil made from metallic tubes hangs from the slab and reinforces the horizontality of the set. The other rectangle, crossed in relation to the first two and built over firm ground, has several different floor levels that articulate the entrance square, bar, hall, foyer and the theater itself. Wherever you are in the building, the landscape follows you, sometimes strikingly, such as at the lake between the pavilions, sometimes subtly, like in the gaps between the slab and the supports.

And it's on the roof that the building reveals its best in small and big details. In the scale of the landscape, it works as a horizontal datum that with sobriety and discretion places the building in the context. In the construction scale, it unites the set, whilst under it the changes in the flooring grant a differentiated character to the spaces. In the scale of detail, the absence of a guardrail reinforces the horizontality and discretion, whilst the safety of the visitors is solved with the reflecting pool and plants that point out the direction. The design of the floor plates, efficiently cut in only three different ways and without losses, remits to Burle Marx's geometry (it's worth pointing out that the name of the education center was chosen after the conclusion of the work). And since the building is in Inhotim, the *Narcissus garden*, by the Japanese Yayoi Kusama, grants extra charm to the roof with its 500 stainless steel spheres moving around in the reflecting pool, to the will of the wind.

In Inhotim, the minerals continue producing successive crops and, answering the challenges of the curatorial project, young and talented architects continue interfering in the destiny of the general mines. ∎

Arquitetos Associados
Galeria Doris Salcedo
Galeria Miguel Rio Branco
Galeria Cosmococa
Centro Educativo Burle Marx
Galeria Claudia Andujar

Tendo como titulares Alexandre Brasil, André Luiz Prado, Bruno Santa Cecília, Carlos Alberto Maciel e Paula Zasnicoff Cardoso, o escritório Arquitetos Associados tem sede em Belo Horizonte. O primeiro trabalho da equipe em Inhotim foi a Galeria Doris Salcedo, criada por Paula (que foi funcionária do centro de artes) juntamente com o arquiteto colombiano Carlos Granada. Depois, Paula e Brasil projetaram o Centro Educativo Burle Marx e, por fim, a equipe completa desenhou a Galeria Miguel Rio Branco, a Galeria Cosmococa e a Galeria Claudia Andujar

With Alexandre Brasil, André Luiz Prado, Bruno Santa Cecília, Carlos Alberto Maciel and Paula Zasnicoff Cardoso in the forefront, the firm Arquitetos Associados has its headquarters in Belo Horizonte. The team's first work in Inhotim was the Doris Salcedo Gallery, created by Paula (who was an employee at the arts center) together with the Mexican architect Carlos Granada. Later, Paula and Brasil designed the Burle Marx Education Center and, lastly, the entire team designed the Miguel Rio Branco Gallery, Cosmococa Gallery and Claudia Andujar Gallery.

Galeria Doris Salcedo
(2006/2008)
Paula Zasnicoff Cardoso e Carlos Granada

A Galeria Doris Salcedo é um pequeno volume prismático pintado de branco que fica na fronteira entre o núcleo original de Inhotim, com paisagismo exuberante criado pelo homem, e um dos eixos de expansão do instituto, com mata nativa. Trata-se do primeiro trabalho autoral de Paula Zasnicoff Cardoso para o lugar e foi concebido junto com o arquiteto colombiano Carlos Granada, parceiro da compatriota Doris Salcedo nas obras onde há a necessidade de um projetista.

A construção foi feita especialmente para abrigar *Neither* (2004), que Doris criou após visitar o campo de concentração de Auschwitz, Polônia, e apresentou pela primeira vez em uma exposição em Londres, na galeria White Cube. Segundo texto elaborado pelos curadores, trata-se de um trabalho que "expressa uma abordagem de tensão sobre a arquitetura, que ao mesmo tempo ameaça e protege o ser humano. A obra de grandes proporções faz de alguns elementos de construção – como grades e paredes – carrascos de nós mesmos. E cria um dilema para quem a visita: estou do lado de dentro ou de fora?". Nesse sentido, até mesmo o local de implantação relaciona a arquitetura com a obra de arte: a fronteira entre o passado e o futuro, ou mesmo a linha divisória da topografia ou da vegetação.

Externamente, o edifício mantém a proporção da geometria do trabalho e usa formas e materiais simples para não entrar em choque com a obra. O espaço arquitetônico também ajuda a fazer com que o visitante perca gradativamente a referência externa, com uma antecâmara que o prepara para entrar (e sair). A estrutura é de concreto armado e o fechamento em alvenaria revestida. A cobertura é em telha metálica com isolamento termoacústico e sob o telhado há um forro de gesso acartonado resistente à umidade, com camada de lã de vidro para melhor isolamento do som. *Neither* é constituída por painéis de LDF, gesso e grade metálica. Um corredor técnico entre ela e a parede externa ajuda a manter a umidade distante e é fundamental para a montagem da obra.

Doris Salcedo Gallery is a small prismatic volume painted white that stays on the border between the original Inhotim nucleus, with exuberant man-made landscaping, and one of the institute's expansion axes, with native vegetation. This is the first project authored by Paula Zasnicoff Cardoso for the place and was conceived together with the Colombian architect Carlos Granada, partner of compatriot Doris Salcedo in works where there is the need for a project devisor.

The construction was done specifically to shelter *Neither* (2004), which Doris created after visiting the concentration camp in Auschwitz, Poland, and presented for the first time in an exposition in London, at the White Cube gallery. According to the text drafted by the curators, this is a work that "expresses an approach of tension over the architecture, which simultaneously threatens and protects mankind. The work of great proportions makes of some construction elements – such as gratings and walls –, our own executioners. And creates a dilemma for those that visit it: am I inside or outside?". In this sense, even the implantation location relates the architecture with the masterpiece: the border between the past and the future, or even the dividing line of the topography or the vegetation.

Externally, the building maintains the proportion of the work's geometry and uses simple shapes and materials to avoid clashing with the work. The architectural space also helps the visitor gradually lose the external reference, with an antechamber that prepares him to enter (and exit). The structure is made of reinforced concrete and closed with lined masonry. The roof is made from metallic shingles with thermo-acoustic insulation, and under the roof, there is a moisture-resistant cartoon-plaster ceiling with a layer of fiberglass to insulate the sound better. *Neither* is composed of LDF plates, plaster and a metallic grill. A technical corridor between it and the external wall helps keep the moisture away and is crucial to set up the work.

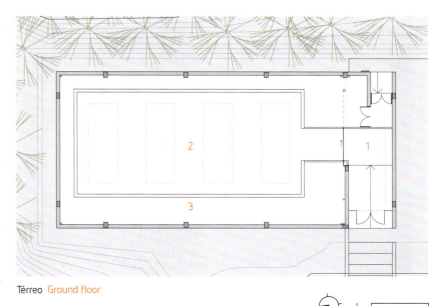

Térreo Ground floor

1. Antecâmara Antechamber
2. Área expositiva Exhibition area
3. Galeria técnica Technical gallery

Galeria Doris Salcedo
Local Location Brumadinho, MG
Data do início do projeto Project date 2006
Data do término da obra Completion date 2008
Área construída Built area 262 m²
Arquitetura Architecture Paula Zasnicoff Cardoso e Carlos Granada (autores authors); Juliana Barros e Rosana Piló (colaboradores collaborators)
Construção General contractor Felipe Salim
Projetos complementares Other projects CLD Engenharia (cálculo estrutural e instalações structural calculation and building services); Tuma (ar-condicionado acclimatization)
Fotos Photos Leonardo Finotti

Centro Educativo Burle Marx
(2006/2009)
Alexandre Brasil e Paula Zasnicoff Cardoso

Próximo do acesso do complexo cultural, o Centro Educativo Burle Marx foi criado para sistematizar o caráter formador do Instituto Inhotim e potencializar a vocação educacional de suas atividades conectadas à comunidade de Brumadinho, oferecendo programas de formação e qualificação profissional nas áreas de atuação da instituição.

Inicialmente, foi sugerido aos arquitetos que utilizassem as margens de um dos lagos artificiais do conjunto. Como o espaço era exíguo em relação ao programa (e a isso se somava a vontade do instituto e dos arquitetos de mimetizar o edifício na paisagem), os projetistas sugeriram algo improvável: construir o centro quase inteiramente em cima do lago.

O acesso ao edifício se dá por um anfiteatro ao ar livre. Com apenas um pavimento, o centro educativo possui biblioteca, ateliês e auditório com 210 lugares. Esses espaços conformam uma planta em U articulada por um núcleo de convivência que organiza a circulação, sempre aberta para o exterior. A cobertura é constituída de três lajes nervuradas de concreto aparente, moduladas em 80 centímetros. Um brise metálico ajuda a controlar a incidência do sol nas fachadas envidraçadas.

A linha divisória entre exterior e interior, arquitetura e paisagismo, é um dos pontos de destaque. Nesse sentido, a cobertura, que também funciona como ponte, chama a atenção. Ali, uma praça elevada com espelho d'água ajardinado abriga a obra *Narcissus garden Inhotim* (2009), da artista japonesa Yayoi Kusama. São 500 bolas de aço inoxidável que flutuam no espelho d'água e se movimentam ao sabor do vento. Trata-se de uma nova versão de um dos principais trabalhos de Yayoi, apresentado nos canais de Veneza em 1966 como uma forma de protesto contra a bienal local.

Located close to the cultural-complex access, this building was created to systematize the qualification character of the Inhotim Institute and increase the potential of the educational vocation of its activities linked to the community of Brumadinho, offering graduation and professional-qualification programs in the fields in which the institute acts.

Initially, it was suggested to the architects that they use the margins of one of the artificial lakes of the compound. Since the space was scarce in relation to the program (in addition to the institute and architects' wish to blend the building with the landscape), the designers suggested something improbable: build the center almost entirely on top of the lake.

The access to the building is through an outdoor amphitheater. With a single floor, the education center has libraries, studios and an auditorium with 210 seats. These spaces compose a U-shaped blueprint articulated by a socialization nucleus that organizes the circulation, always open to the outside. The ceiling is composed of three apparent-cement grooved slabs, modulated in 80 centimeters. A metallic brise-soleil helps control the sunlight shining on the glass facades.

The dividing line between the exterior and the interior, architecture and landscaping, is one of the highlights. In this sense, the roof, which also works as a bridge, calls our attention. There, an elevated square with a gardened reflecting pool shelters the work *Narcissus garden Inhotim* (2009), by the Japanese artist Yayoi Kusama. There are 500 stainless steel balls floating on the reflecting pool that move to the will of the wind. This is a new version of one of Yayoi's main works, presented in the Venice channels in 1966 as a form of protest against the local biennial.

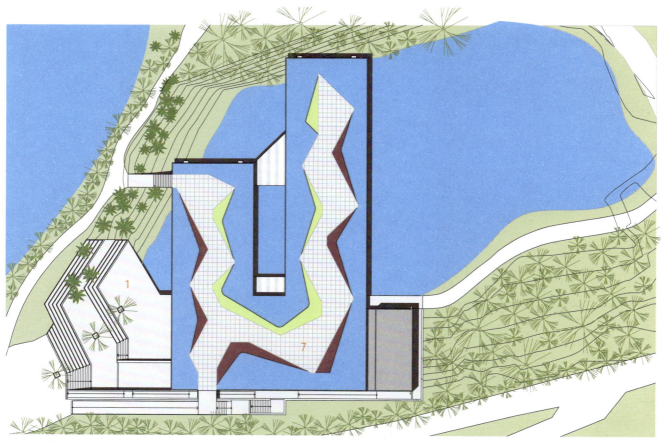

Implantação Site plan

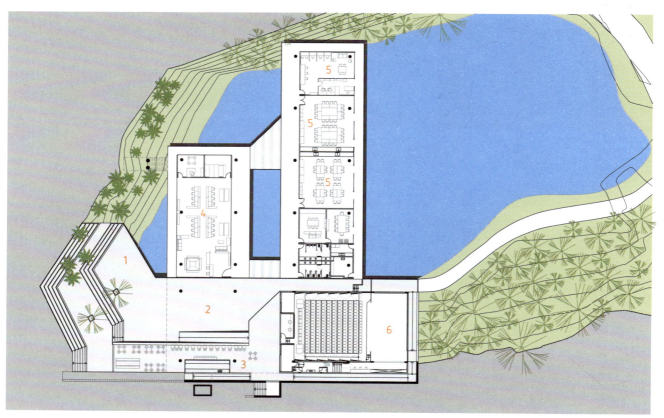

Planta Plan

1. Anfiteatro Amphitheater
2. Convivência Socialization
3. Lanchonete Snack bar
4. Biblioteca Library
5. Ateliê Studio
6. Auditório Auditorium
7. Cobertura-jardim Garden-roof

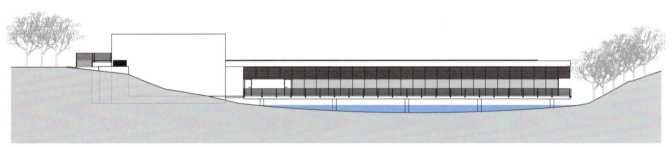

Fachada sudeste Southeast elevation

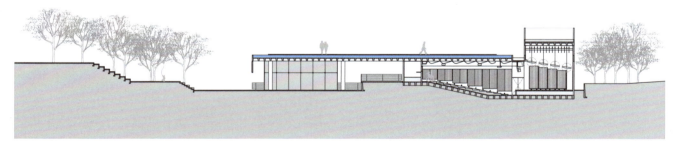

Corte longitudinal Long section

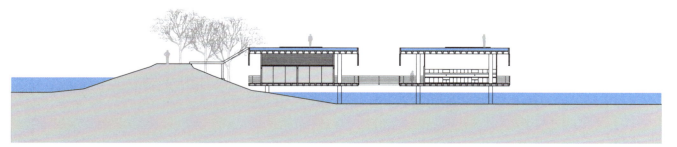

Corte longitudinal Long section

Centro Educativo Burle Marx
Local Location Brumadinho, MG
Data do início do projeto Project date 2006
Data do término da obra Completion date 2009
Área construída Built area 1.704 m²
Arquitetura Architecture Alexandre Brasil e Paula Zasnicoff Cardoso (autores authors); Edmar Ferreira Júnior, Ivie Zappellini e Rosana Piló (colaboradores collaborators)
Construção General contractor Felipe Salim
Projetos complementares Other projects T3 Tecnologias Integradas – Marcello Cláudio Teixeira e Sigefredo Fiúza Saldanha (cálculo estrutural structural calculation); Engeth/Projeta (instalações building services); Tuma (ar-condicionado acclimatization); Marco Antônio Vecci, WSDG (acústica acoustic); RPP (cenotecnia scenography)
Fotos Photos Leonardo Finotti

Galeria Miguel Rio Branco
(2008/2010)

O espaço dedicado à obra do artista Miguel Rio Branco fica na esquina de duas vias em um dos eixos de expansão de Inhotim, próximo da Galeria Doris Salcedo. A gleba escolhida, uma clareira na mata natural, tinha duas situações topográficas distintas: um trecho em forte aclive e um platô, com desnível de dez metros entre eles. Os curadores solicitaram aos arquitetos dois espaços: um com área menor e pé-direito de sete metros e outro com área maior e seis metros de altura. Por fim, o artista imaginou o pavilhão como uma pedra esculpida, pousada sobre o lugar.

A resposta dos arquitetos é um edifício em três níveis, com a entrada situada na cota intermediária, formando uma espécie de acesso como uma continuação da área aberta. Para reforçar esse propósito, os autores escolheram revestir o piso com a mesma pedra encontrada usualmente no calçamento de Inhotim. Corroborando a tese de espaço contínuo, como o térreo público de um edifício urbano, o andar abriga também uma pequena lanchonete e sanitários. Nesse pavimento o visitante escolhe se quer descer para a sala de pé-direito maior, com planta quadrada de 11,7 metros de lado, ou subir para o grande piso de exposição, que é flexível e foi subdividido em três ambientes. No projeto original, o pano de vidro que ilumina a sala de baixo seria transparente, mas a pedido do artista foi colocada uma película removível, que tornou o vidro translúcido.

O piso superior não possui abertura: é inteiramente vedado em aço com acabamento patinado natural, que favorece as variações de cor conforme a passagem do tempo. Esse fechamento é inclinado, o que dá ao pavilhão uma forma irregular. Propositadamente, esse volume é abstrato: não possui portas, janelas nem qualquer elemento que caracterize um edifício. A pedido de Rio Branco, a sala maior não foi revestida internamente com divisória de gesso, o que possibilita a leitura interna da inclinação em aço.

Os dois espaços expositivos se opõem: um é iluminado por luz natural e possui complicada elaboração tectônica, com concreto e aço, o outro não; um conforma o aspecto externo do edifício, o outro está enterrado.

The space dedicated to the work by Miguel Rio Branco is located on the corner of two streets in one of Inhotim's expansion axes, close to Doris Salcedo Gallery. The lot chosen, an opening in the natural woods, had two different topographic situations: a steep uphill stretch and a plateau, with a level difference of 10 meters between them. The curators asked the architects for two spaces: one with a smaller area and a seven-meter headspace and another space with a bigger area and six meters tall. Finally, the artist imagined the pavilion as a sculpted rock, resting on the place.

The architects' response is a three-level building, with the entrance located in the intermediate level, forming a sort of access as a continuation of the open space. To reinforce this purpose, the authors decided to line the flooring with the same stone generally found in Inhotim's sidewalks. Corroborating the continuous-space thesis, such as the public ground floor in an urban building, the floor also shelters a small snack bar and restrooms. On this floor, the visitor decides if he wants to go down to the room with the taller headspace, with 11,7 square meters across, or go up to the large exposition floor, which is flexible and was subdivided into three environments. In the original design, the glass pane that lights the room below would be transparent. Following the artist's request, a removable film was applied, which made the glass translucent.

The upper floor has no opening: it is completely sealed with steel with a natural patina finish, which favors the color variations as time goes by. The sealing is tilted, which grants an irregular shape to the pavilion. Purposely, this volume is abstract: it doesn't have doors, windows or any element that characterizes a building. At Rio Branco's request, the bigger room was not fully lined with plaster partitions, which enables the internal reading of the steel inclination.

The two exposition spaces oppose each other: one is lit by natural lighting and has a complex tectonic elaboration, with concrete and steel, and the other doesn't; one composes the external aspect of the building, the other is buried.

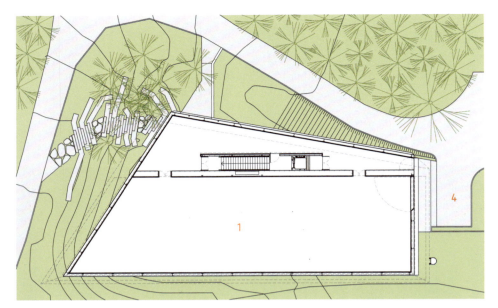
Superior Superior floor

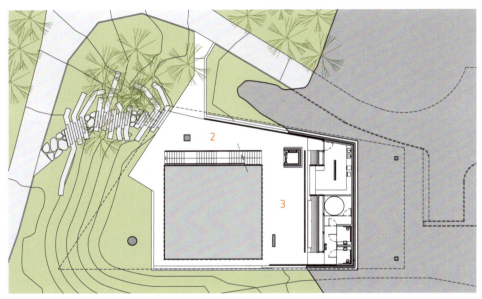
Térreo Ground floor

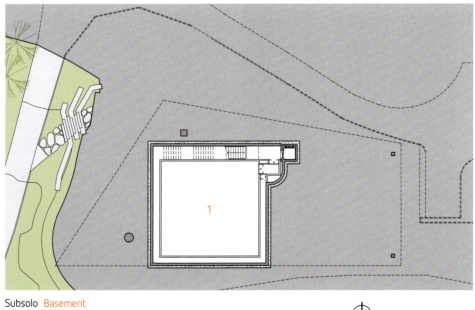
Subsolo Basement

1. Espaço expositivo Exhibition space
2. Acesso Access
3. Lanchonete Snack bar
4. Carga/descarga Load/unload dock

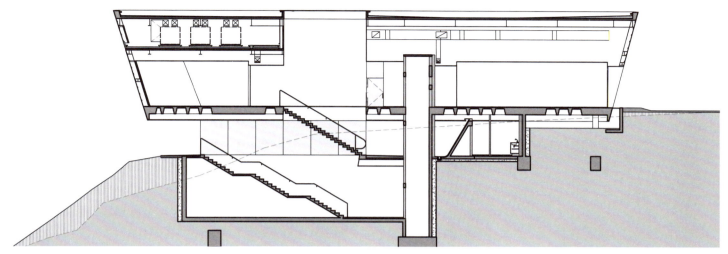

Corte longitudinal Long section

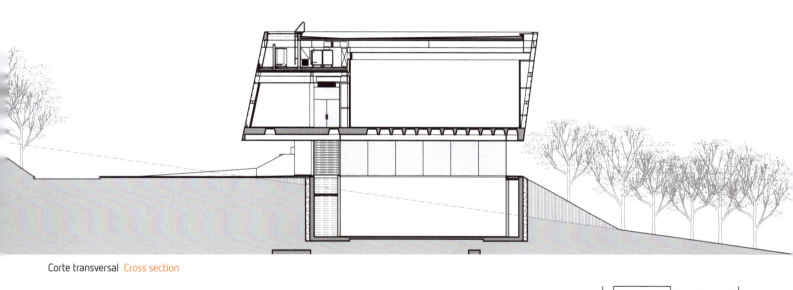

Corte transversal Cross section

Galeria Miguel Rio Branco
Local Location Brumadinho, MG
Data do início do projeto Project date 2008
Data do término da obra Completion date 2010
Área construída Built area 1.540 m²
Arquitetura Architecture Alexandre Brasil, André Luiz Prado, Bruno Santa Cecília, Carlos Alberto Maciel e Paula Zasnicoff Cardoso (autores authors); Manoela Campolina (colaboradora collaborator)
Construção General contractor Felipe Salim
Projetos complementares Other projects Marcello Cláudio Teixeira e Sigefredo Fiúza Saldanha (cálculo estrutural structural engineer); Projeta (instalações building services); Tuma (ar-condicionado acclimatization); Marco Antônio Vecci (acústica acoustic); RPP (cenotecnia scenography); Projeta (combate a incêncio fire safety); Ceilux (luminotécnica light design); BM (consultoria em esquadrias windows consultant)
Fotos Photos Leonardo Finotti

Galeria Cosmococa
(2008/2010)

Implantada ao norte do núcleo original de Inhotim, a Galeria Cosmococa fica no antigo pasto da fazenda, uma parte descampada, com pouca vegetação. Apesar da liberdade espacial em Inhotim, a galeria é restringida em três lados por áreas em que é proibido construir, por causa de dois córregos e uma adutora.

O espaço foi criado para abrigar cinco obras da série *Cosmococa* (1973), criada por Hélio Oiticica e Neville d'Almeida: *Trashiscapes*, *Onobject*, *Maileryn*, *Nocagions* e *Hendrix-War*. Trata-se de ambientes sensoriais com projeção de slides, trilhas sonoras e elementos táteis que se relacionam com a ideia de "quase-cinema" desenvolvida pelos artistas, interessados em investigar a relação do público com a imagem-espetáculo.

Segundo solicitação dos curadores, os cinco espaços não deveriam estar conformados hierarquicamente, ou seja, apesar dos números que identificam as Cosmococas de 1 a 5, os visitantes não deveriam necessariamente observá-las nessa ordem. Por outro lado, era preciso isolar um ambiente do outro por causa dos ruídos que os cinco têm. As salas, por fim, possuem dimensões e pés-direitos diferentes.

A solução proposta pela equipe de arquitetos foi criar um edifício térreo com um núcleo central de circulação e separar as cinco salas. No vão entre as Cosmococas estão quatro entradas diferentes. O isolamento acústico é favorecido por paredes duplas e os equipamentos de ar-condicionado ficam em um piso técnico acima da circulação. Externamente, o ponto alto do projeto é a implantação em relação à topografia: visto por quem está subindo, o volume revestido de pedra é facilmente identificável como uma construção; observado por quem está descendo (visão que será mais comum com a construção de novas galerias adiante), a cobertura gramada faz com que ele se confunda com o jardim.

Implanted to the north of Inhotim's original nucleus, Cosmococa Gallery is located in the old pasture of the farm, a open space with little vegetation. Despite the spatial freedom in Inhotim, the gallery is restricted on three sides by areas where it is prohibited to build anything due to two creeks and a water main.

The space was created to shelter four works from the *Cosmococa* (1973) series, created by Hélio Oiticica and Neville d'Almeida: *Trashiscapes*, *Onobject*, *Maileryn*, *Nocagions* and *Hendrix-War*. These are sensorial environments with the projection of slides, sound tracks and tactile elements that relate to the "near-cinema" idea developed by the artists, interested in investigating the relationship of the public with the image-spectacle.

At the curators' request, the five spaces should not be arranged hierarchically, in other words, despite the numbers that identify the Cosmococa from 1 to 5, the visitors shouldn't necessarily observe them in that order. On the other hand, it was necessary to isolate one environment from the other because of the noise in each one. Finally, the rooms have different sizes and headspaces.

The solution proposed by the team of architects was to create a one-floor building with a central circulation nucleus and separate the five rooms. In the void between the Cosmococas are four different entrances. The acoustic insulation is favored by double walls and the air-conditioning equipment stays in a technical floor above the circulation space. Externally, the high point of the project is the implantation in relation to the topography: seen by whom is going up, the stone-lined volume is easily identified as a construction; seen by whom is going down (the view that will be most common with the construction of new galleries up ahead), the grassed roof makes it be confused with the garden.

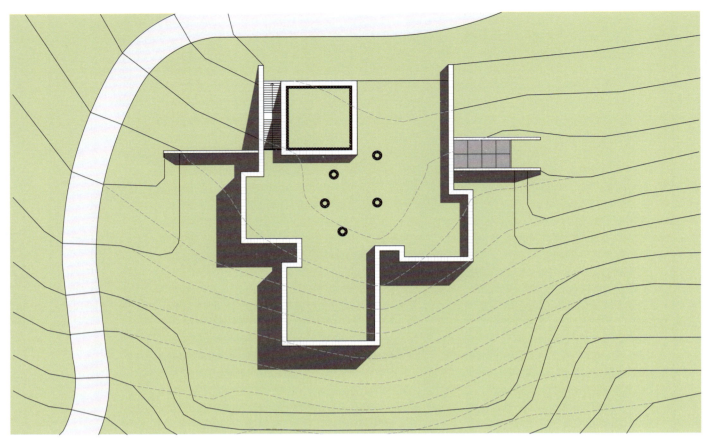

Implantação Site plan

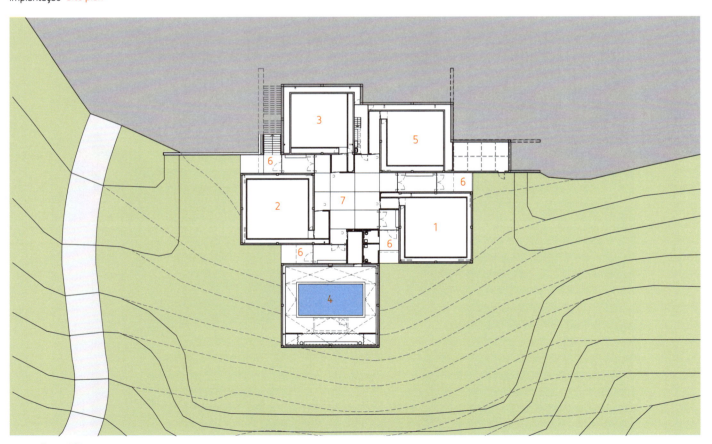

Térreo Ground floor

1. Cosmococa 1 Cosmococa 1
2. Cosmococa 2 Cosmococa 2
3. Cosmococa 3 Cosmococa 3
4. Cosmococa 4 Cosmococa 4
5. Cosmococa 5 Cosmococa 5
6. Acesso Access
7. Circulação Circulation

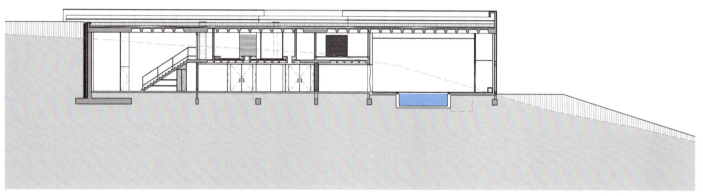

Corte longitudinal | Long section

0 1   5

Galeria Cosmococa
Local Location Brumadinho, MG
Data do início do projeto Project date 2008
Data do término da obra Completion date 2010
Área construída Built area 835 m²
Arquitetura Architecture Alexandre Brasil, André Luiz Prado, Bruno Santa Cecília, Carlos Alberto Maciel e Paula Zasnicoff Cardoso (autores authors); Bruno Berg (colaborador collaborator)
Construção General contractor Felipe Salim
Projetos complementares Other projects T3 Tecnologias Integradas – Marcello Cláudio Teixeira e Sigefredo Fiúza Saldanha (cálculo estrutural structural calculation); Projeta (instalações e combate a incêndio building services and fire safety); Conset (ar-condicionado acclimatization); Marco Antônio Vecci (acústica acoustic); BM (consultoria em esquadrias windows consultant); José Soares da Silva Marques, João Dimas Quirino e Paulo César de Carvalho (impermeabilização waterproofing)
Fotos Photos Leonardo Finotti

Galeria Claudia Andujar
(2012/2015)

Implantação Site plan

1. Galeria Miguel Rio Branco Miguel Rio Branco Gallery
2. Trilha acesso Access trail
3. Trilha saída Exit trail

Localizada em Inhotim, museu de arte contemporânea nos arredores de Belo Horizonte caracterizado por pavilhões isolados em meio à vegetação, esta galeria é dedicada a expor parte da obra de Claudia Andujar, fotógrafa suíça radicada no Brasil desde a década de 1950. O espaço reúne cerca de 500 imagens, realizadas a partir do início dos anos de 1970, que revelam o envolvimento da artista com os Yanomami, índios que habitam a Amazônia brasileira próximo à fronteira da Venezuela.

O espaço foi construído numa encosta densamente arborizada, com acesso por trilhas em meio à vegetação e com topografia que conforma uma espécie de promontório e permite a visualização da paisagem circundante. Com quase 1700 metros quadrados de área construída, a galeria possui um único pavimento, cuja massa foi diluída em quatro volumes principais, com cerca de seis metros de altura.

Externamente, o material que caracteriza a construção são tijolos cerâmicos assentados de maneira incomum. Por outro lado, há uma tensão entre a massa, densa, com poucas aberturas, e alguns trechos que se projetam sobre a encosta. Para os arquitetos, "esta diferenciação entre uma parte assentada sobre o chão recortado e outra parte elevada busca equilíbrio entre a necessária discrição da maior porção edificada e a presença marcante de elementos na paisagem, evitando qualquer intento de mimetismo".

Internamente, os volumes conformam núcleos expositivos, em sequência de três módulos definida pela curadoria: o primeiro foi batizado de "A Terra" e agrega imagens de paisagens amazônicas; "O Homem", o segundo módulo curatorial, concentra as fotos da vida dos indígenas, com ênfase nos rituais, no cotidiano, na casa e em retratos; por fim, "O Conflito" revela o contato dos Yanomamis com os brancos, ponto de inflexão que aproximou a artista do trabalho. O projeto estabeleceu um percurso de visitação, entrando ao norte e saindo ao sul. As salas são interligadas por circulação interna de pé-direito mais baixo, ambientes de transição que promovem mediação entre espaços expositivos e paisagem. A variedade das salas de exposição é assegurada pela exploração da alternância entre introspecção e abertura, visadas para a paisagem e para o pátio interno, espaços de grande escala e dimensões intimistas, presença de luz artificial e iluminação natural.

Located within Inhotim, a contemporary art museum on the outskirts of Belo Horizonte characterized by isolated pavilions amidst a forested area, this gallery is dedicated to the exhibition of part of the work of Claudia Andujar, a Swiss photographer living in Brazil since the 1950s. The space brings together some 500 images, snapped since the beginning of the 1970s, revealing the involvement of the artist with the Yanomami people, who inhabit the Brazilian Amazon near the border with Venezuela.

The space was built on a heavily wooded hillside, accessible via trails through the vegetation and whose topography consists of a type of promontory, which allows one to see the surroundings. With nearly 1,700 square meters of floor space, the gallery possesses a single floor whose built mass was divided into four main six-meter high volumes.

The façades of the space are characterized by the unusual manner in which its ceramic blocks are set. Moreover, a certain tension can be noticed between the dense built mass, with its few openings, and some portions that project over the hillside. For the architects, "this distinction between a portion set on irregular ground and another, elevated, seeks balance between the necessary discretion of the largest built volume and the remarkable presence of elements in the landscape, avoiding any intent of mimicry".

Inside, the volumes contain exhibition cores, in a sequence of three modules defined by the curators: the first is called *A Terra* (The Land), where Amazonian landscape images are on display; *O Homem* (The People), the second module, focuses on the aboriginal way of life, with emphasis on rituals, daily routine, at home and on portraits; finally, *O Conflito* (The Conflict) reveals the Yanomami's contact with modern society, a turning point that brought the artist closer to said work. The design established a visitation route, starting in the northern portion and ending in the opposite direction. The halls are connected via internal corridors with lower roofs, transition environments that promote mediation between the exhibition spaces and the landscape. Exhibition room heterogeneity is explored via a clever alternation between introspection and openness, facing the landscape and the internal courtyard, large and small-scale spaces, presence of artificial and natural light.

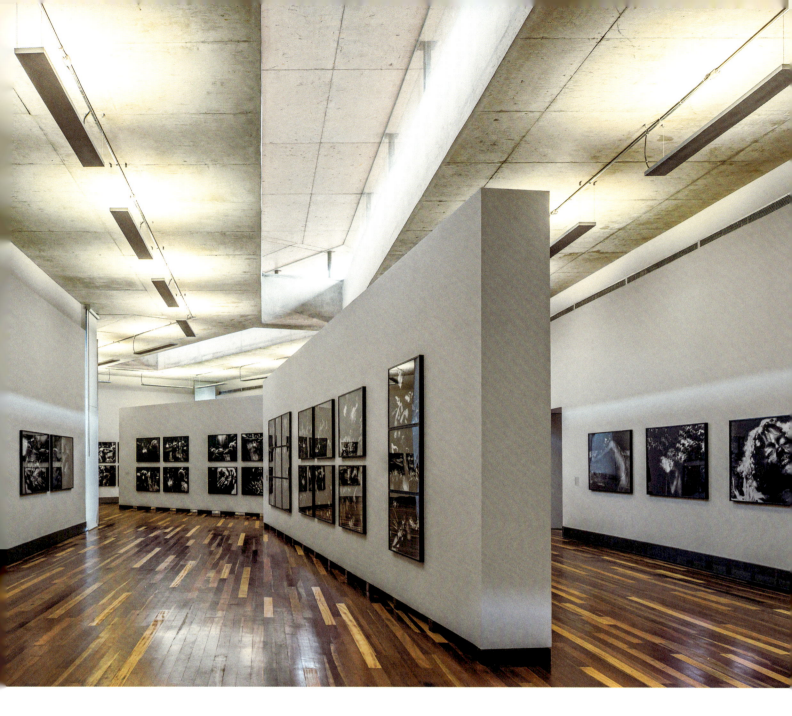

Inhotim ★ 115

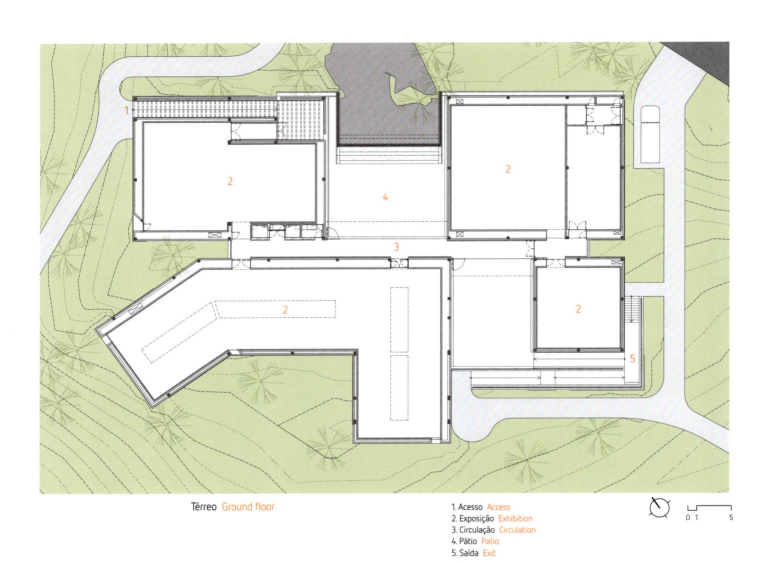

Térreo Ground floor

1. Acesso Access
2. Exposição Exhibition
3. Circulação Circulation
4. Pátio Patio
5. Saída Exit

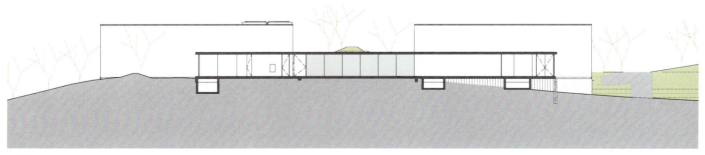

Corte longitudinal Long section

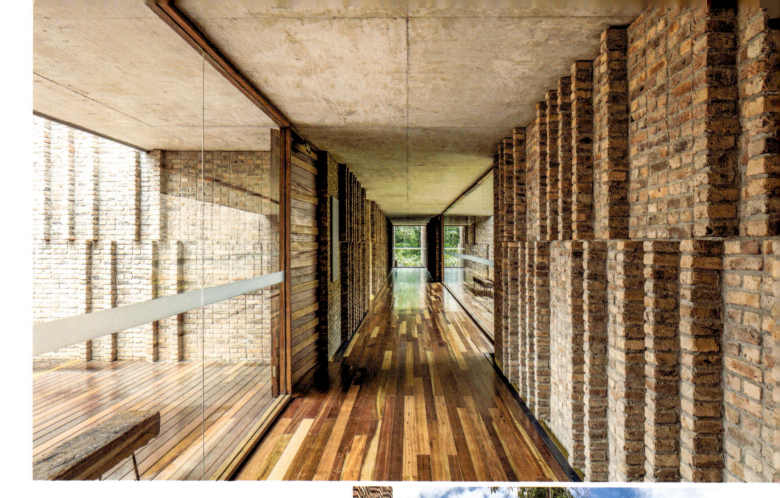

Galeria Claudia Andujar
Local Location Brumadinho, MG
Data do início do projeto Project date 2012
Data do término da obra Completion date 2015
Área construída Built area 1.683 m²
Arquitetura Architecture Arquitetos Associados – Alexandre Brasil, André Luiz Prado, Bruno Santa Cecília, Carlos Alberto Maciel, Paula Zasnicoff e Ana Carolina Vaz (autores authors); Paula Bruzzi Berquó, Rafael Gil Santos, Nathalia Gama e Thaisa Nogueira (colaboradores collaborators)
Projeto expográfico e desenho de mobiliário Expographic project and furniture design MACh Arquitetos – Fernando Maculan (autor author); Georgia Panagiotopoulou (colaboradora collaborator); Máximo Soalheiro (paleta de cores minerais mineral colors palette)
Fotos Photos Leonardo Finotti

Rizoma
Loja botânica
Restaurante Oiticica
Galeria Lygia Pape
Galeria Tunga

Os projetos realizados para Inhotim pela equipe do Rizoma, escritório de arquitetura coordenado por Thomaz Regatos e Maria Paz, podem ser divididos em duas categorias. Em primeiro lugar estão aqueles que atendem a necessidades de infraestrutura, resultado do aumento da demanda de visitantes. Nesse grupo estão dois trabalhos publicados a seguir: o restaurante Oiticica e a loja botânica. Trata-se, em geral, de obras de espacialidade simples, por vezes quase miesiana, e compostas de poucos elementos: planos de concreto, que definem lajes e paredes (ou cobertura e fechamento), pilares de concreto de seção redonda, que utilizam fôrma de papelão e acabamentos igualmente simples, como piso de cimento queimado. Pode-se dizer até que formam uma família de projetos, quase genéricos, da mesma tipologia. No outro grupo estão os que abrigam obras de arte, como a Galeria Lygia Pape, espaço dedicado a uma única obra da artista carioca, e a Galeria Tunga, que concentram seis trabalhos do artista, igualmente do Rio de Janeiro. Aqui, cada projeto procura ter sua expressão própria. Se a construção dedicada a Lygia Pape parte da idéia da torção de um cubo, a de Tunga busca transparência e delicadeza na adaptação ao terreno.

The projects created for Inhotim by the team from Rizoma, an architecture firm coordinated by Thomaz Regatos and Maria Paz, can be divided into two categories. First, are those that meet the infrastructure needs, resulting from the increase in visitor demands. In this group are two works published below: Oiticica restaurant and the botanic store. In general, these are works with simple spatiality, sometimes almost Miesian, and composed of few elements: concrete planes, which define slabs and walls (or roof and closure), round-section concrete pillars, which use cardboard molds and equally simple finishes, such as burnt-concrete flooring. One could even say that they form a family of projects, almost generic, from the same typology. In the other group are the ones that shelter the masterpieces, wsuch as Lygia Pape Gallery, a space dedicated to a single work from the Rio de Janeiro artist, and Tunga Gallery, which will gather six works from the artist, also from Rio de Janeiro. Here, every project seeks having its own expression. If the construction dedicated to Lygia Pape is based on the idea of twisting a cube, Tunga's seeks transparency and delicateness in its adaptation to the lot.

Loja botânica
(2009/2011)

Criada para a venda de plantas, a loja fica próximo da antiga recepção, que terá seu uso transformado. A nova construção, recém-inaugurada, é composta por três panos de concreto: os dois primeiros são os apoios (auxiliados por coluna de concreto de seção circular) e o terceiro é a cobertura do espaço, que não possui fechamentos. Em resumo, a loja é um terraço coberto.

Created to sell plants, the store is located close to the old reception, which will serve a different purpose. The new, recently inaugurated construction is composed of three concrete planes: the first two are the supports (aided by circular-section concrete column) and the third is the roof of the space, which is not closed with walls. In sum, the store is a open terrace.

Implantação Site plan

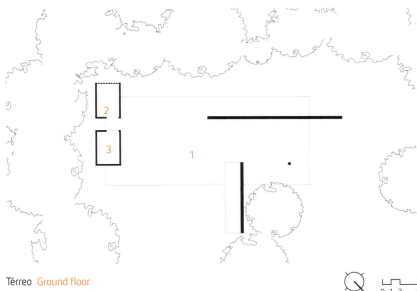

Térreo Ground floor

1. Loja Store
2. Escritório Office
3. Depósito Deposit

Loja botânica
Local Location Brumadinho, MG
Data do início do projeto Project date 2009
Data do término da obra Completion date 2011
Área construída Built area 198 m²
Arquitetura Architecture Rizoma – Thomaz Regatos e Maria Paz (autores authors); Sara Fagundes e Inácio Luiz (colaboradores collaborators)
Construção General contractor Felipe Salim
Projetos complementares Other projects FAS (luminotécnica light design); Pedro Nhering (paisagismo landscape); Márcio Gonçalves (cálculo estrutural structural calculation)
Fotos Photos Leonardo Finotti

Restaurante Oiticica
(2010)

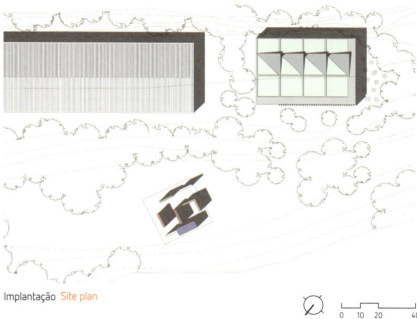

Implantação Site plan

Situado próximo ao *Magic Square*, de Hélio Oiticica, este restaurante foi a primeira obra de maior porte e importância realizada pela equipe do Rizoma. Antes disso, eles haviam feito sanitários e quiosques de alimentação, que se espalham pelo instituto. A planta é muito simples: a frente é ocupada pelo salão, na parte do fundo ficam a cozinha, sanitários etc. Os pilares de concreto estão à mostra e a cobertura possui quatro aberturas triangulares. O destaque do desenho é o brise móvel, desenhado pelos arquitetos e executado na serralheria de Inhotim. A laje é coberta por uma camada de grama.

Located close to the *Magic Square*, by Hélio Oiticica, this restaurant was the first major work in size and importance done by the Rizoma team. Before this, they had done rest rooms and food kiosks that are spread throughout the institute. The blueprint is very simple: the front is occupied by the salon, in the back are the kitchen, rest rooms etc. The concrete pillars are apparent and the roof has four triangular openings. The design highlight is the mobile brise-soleil, designed by the architects and fabricated at the Inhotim metalwork shop. The slab is covered with a layer of grass.

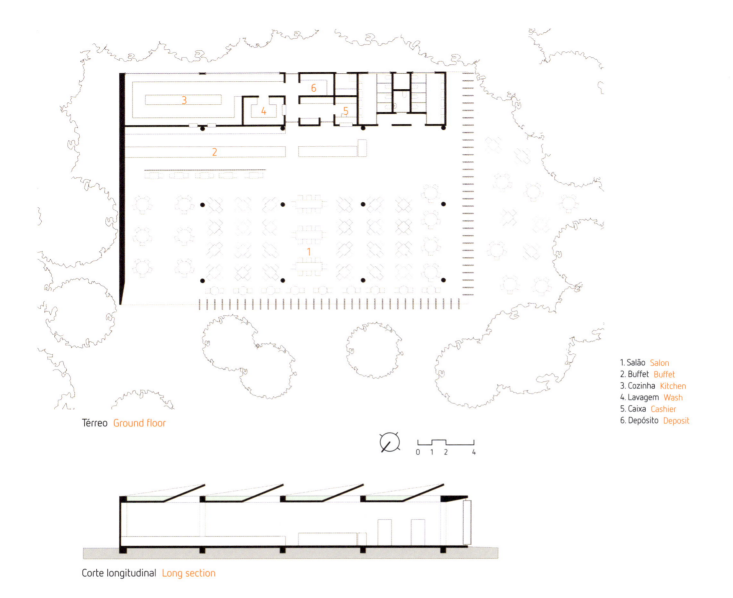

Térreo Ground floor

1. Salão Salon
2. Buffet Buffet
3. Cozinha Kitchen
4. Lavagem Wash
5. Caixa Cashier
6. Depósito Deposit

Corte longitudinal Long section

Acknowledgments

Completing this book would have been almost impossible without the help I received from several people. The thoughtfulness and painstaking thoroughness with which my dear friend and former editor Tom Engelhardt read the manuscript and made suggestions and comments for changes were crucial in helping me see the way during times of uncertainty and confusion. The insightful editorial work and tireless research assistance of Todd Lappin, who also collaborated with me on the chapter about China's stock markets, was invaluable in keeping me moving forward.

For taking time to review the manuscript and for offering everything from broad critical insights to minor corrections, thanks are due James H. Williams, Zhang Xiaogang, John Despres, Richard Gordon, Carolyn Wakeman, and Robin Munro. Special thanks are also due my agent, Amanda Urban, for her usual timely ministrations and encouragement. And to my editors Alice Mayhew and Elizabeth Stein at Simon & Schuster, dual thanks are in order—for suffering my tardiness and then for their prompt and helpful editing.

I wish also to thank the Center for Chinese Studies at the University of California, Berkeley, whose library served as a crucial resource in the researching of this book.

Orville Schell

San Francisco, April 1994

Restaurante Oiticica
Local Location Brumadinho, MG
Data do início do projeto Project date 2010
Data do término da obra Completion date 2010
Área construída Built area 768 m²
Arquitetura Architecture Rizoma – Thomaz Regatos e Maria Paz (autores authors); Sara Fagundes, Inácio Luiz e Paulo Henrique Pessoa "Ganso" (colaboradores collaborators)
Construção General contractor Felipe Salim
Projetos complementares Other projects FAS (luminotécnica light design); Pedro Nhering (paisagismo landscape); Alexandre Karan (cálculo estrutural structural calculation)
Fotos Photos Leonardo Finotti

Galeria Lygia Pape
(2010/2012)

A Galeria Lygia Pape, a primeira criada por Thomaz Regatos e Maria Paz, quando tinham 29 e 25 anos de idade, foi idealizada para abrigar *Ttéia 1C*, uma das principais obras da artista brasileira. Trata-se de um espaço de planta quadrada com 20 metros de lado e pé-direito de sete metros. De concreto, o volume é torcido de forma que a cobertura também tem formato quadrado, girado em relação à base, que alude ao trabalho de Lygia Pape. A ideia é que a construção seja em breve coberta por heras, minimizando seu impacto no meio natural. Há uma saliência no acesso que continua em dois túneis laterais, preparando o visitante para a obra. A área total — com recuos e saliências graças à torção — é de 441 metros quadrados.

The *Galeria Lygia Pape*, the first created by Thomaz Regatos and Maria Paz, when they were 29 and 25 years of age, was designed to house *Ttéia 1C*, one of the major works of the Brazilian artist. It is a square plan area with 20 meter sides and a ceiling height of seven meters. Made of concrete, this volume is twisted so that the roof also has a square format, rotated in relation to the base, which alludes to the work of Lygia Pape. The idea is that the building will shortly be covered with ivy, minimizing its impact on the natural environment. There is a protuberance at the access that continues into two side tunnels, preparing the visitor to view the work. The total area — with setbacks and protuberances caused by the twisting — is of 441 square meters.

Galeria Lygia Pape
Local Location Brumadinho, MG
Data do início do projeto Project date 2010
Data do término da obra Completion date 2012
Área construída Built area 441 m²
Arquitetura Architecture Rizoma – Thomaz Regatos e Maria Paz (autores authors); Inácio Luiz, Sara Fagundes e Virgínia Paz (colaboradores collaborators)
Consultores Consultants Felipe Salim (construção general contractor); Projelet (instalações prediais building facilities); Márcio Gonçalves Engenharia (cálculo estrutural structural calculation)
Paisagismo Landscape Pedro Nehring
Fotos Photos Leonardo Finotti

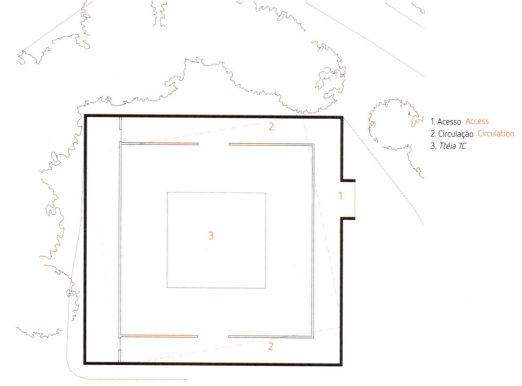

1. Acesso Access
2. Circulação Circulation
3. *Ttéia 1C*

Térreo Ground floor

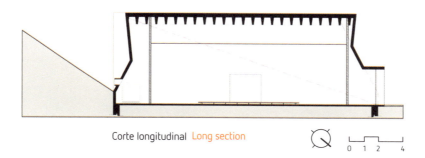

Corte longitudinal Long section

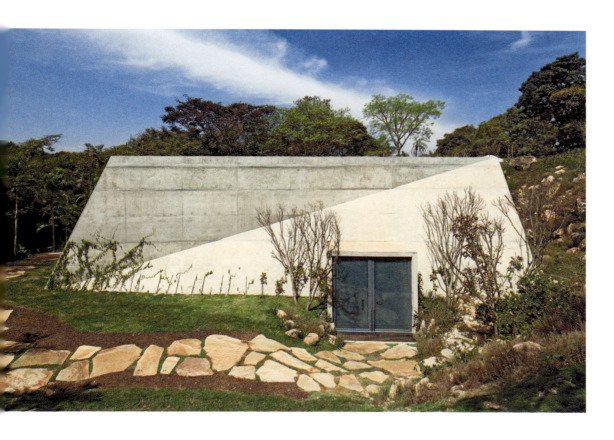

Galeria Tunga
(2011/2012)

A Galeria Tunga, que começou a ser desenhada em 2011, abriga diversas obras do artista. Para os padrões de Inhotim, trata-se de um espaço imenso, com 2,2 mil metros quadrados (quase o mesmo tamanho dos pavilhões coletivos mais antigos, como a Galeria Mata). Levemente suspenso do solo e todo em estrutura metálica, é envidraçado, protegido por beiral, brise e varanda, que estende o piso interno. O térreo possui dois níveis: enquanto o piso se movimenta para acomodar-se à topografia natural, o pé-direito resultante, de seis e oito metros, é adequado a obras de diferentes tamanhos.

O projeto inicial subdividia o térreo em quatro salas interligadas. Contudo, optou-se por deixar o espaço aberto, sem divisórias, com as obras compartilhando o mesmo ambiente. As únicas criações de Tunga que ficam isoladas são as que foram instaladas dentro dos limites do volume revestido de madeira, ao qual se tem acesso por rampas, que ocupa o miolo do pavilhão. No piso inferior, uma sala fechada é destinada a um vídeo, enquanto o mezanino abriga obras envoltas por uma cortina translúcida.

The *Galeria Tunga*, whose design was started in 2011, houses several pieces by the artist. For Inhotim's standards, it is a huge space, with 2200 square meters (about the size of the older communal pavilions, like *Galeria Mata*). Slightly off the ground and with an all metal frame, it is glazed and protected by eaves, louvers and a veranda, which extends the internal floor. The ground floor possesses two levels: while the floor moves to adapt to the natural topography, the resulting six and eight meter ceiling heights are suitable for works of different sizes.

The initial design subdivided the ground floor into four interconnected rooms. However, the final decision was to leave the space open without partitions, so that the works would share the same environment. The only creations of Tunga that remain isolated are those that have been installed within the boundaries of the volume covered in wood, which can be accessed via ramps and occupy the core of the pavilion. On the lower floor, a closed room is intended for a video, while the mezzanine is home to the works surrounded by a translucent curtain.

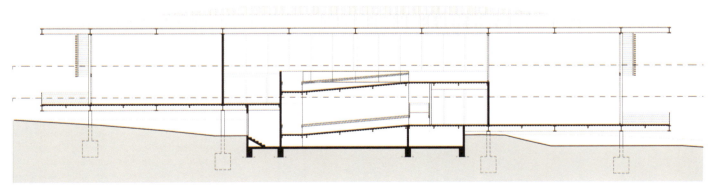

Corte transversal Cross section

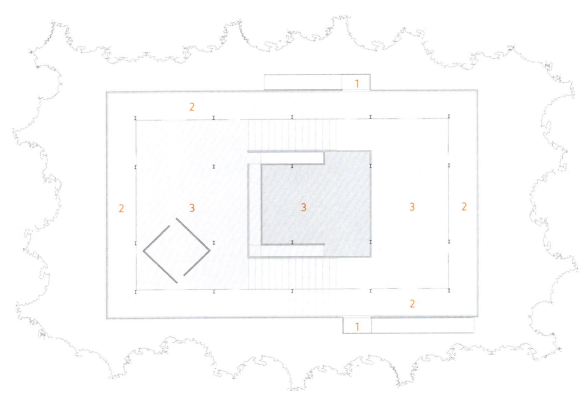

Térreo superior Upper ground floor

1. Acesso Access
2. Terraço Terrace
3. Exposição Exhibition

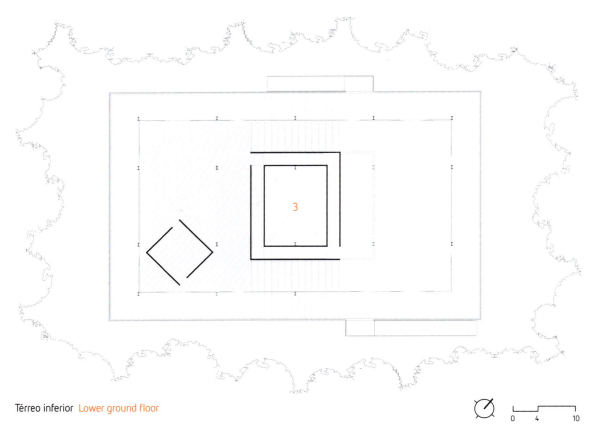

Térreo inferior Lower ground floor

Galeria Tunga
Local Location Brumadinho, MG
Data do início do projeto Project date 2011
Data do término da obra Completion date 2012
Área construída Built area 2.194 m²
Arquitetura Architecture Rizoma –
Thomaz Regatos e Maria Paz (autores authors);
Inácio Luiz, Sara Fagundes e Virgínia Paz
(colaboradores collaborators)
Consultores Consultants Felipe Salim (construção general contractor); Projelet (instalações prediais building facilities); José Maria (cálculo estrutural structural calculation); Madepal (madeira wood); Refax (brises louvers)
Paisagismo Landscape Pedro Nehring
Fotos Photos Leonardo Finotti

[Play Arquitetura é um escritório sediado em Belo Horizonte dirigido por Marcelo Alvarenga. Desde 2012, o escritório conta com a colaboração da arquiteta Juliana Figueiró. Em Inhotim, o arquiteto é responsável por dois trabalhos. Apesar de terem sido criados quase simultaneamente e estarem situados próximos do ponto de vista espacial, os dois pavilhões possuem características arquitetônicas distintas: o primeiro é uma construção nova, no meio de um antigo pasto, e é dedicado a uma obra da artista brasileira Marilá Dardot; o segundo pavilhão ocupa o antigo estábulo da fazenda e abriga um trabalho do artista cubano Carlos Garaicoa.

Play Arquitetura is a firm based in Belo Horizonte directed by Marcelo Alvarenga. Since 2012, the firm has been counting on the collaboration of architect Juliana Figueiró. In Inhotim, the architect has two responsibilities. In spite of their almost simultaneous creation and physical proximity, the two pavilions possess distinct architectural features: the first occupies a new building situated in the middle of an old pasture, and is a dedicated to the work of Brazilian artist Marilá Dardot; the second pavilion occupies the old stables and houses a piece by Cuban Carlos Garaicoa.

[**Play Arquitetura**
Pavilhão Marilá Dardot
Pavilhão Carlos Garaicoa

Pavilhão Marilá Dardot
(2011)

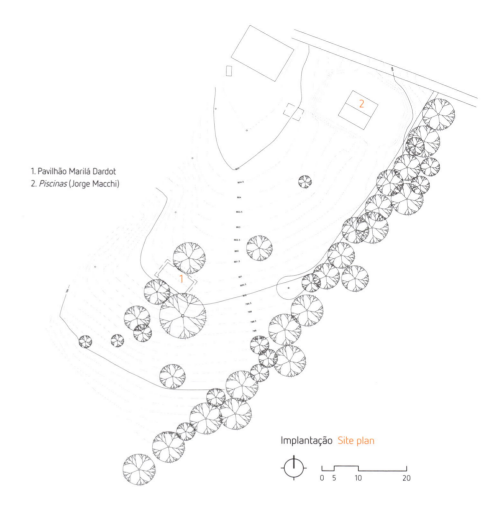

1. Pavilhão Marilá Dardot
2. *Piscinas* (Jorge Macchi)

Implantação Site plan

0 5   10   20

Implantado em um antigo pasto na porção oeste de Inhotim, este pavilhão foi criado para abrigar a obra *A Origem da Obra de Arte*, da artista mineira Marilá Dardot. Apresentada originalmente na primeira exposição individual da artista (montada no Museu de Arte da Pampulha, em 2002), a obra é composta por vasos cerâmicos em forma de letras, 12 espécies de sementes, instrumentos de jardinagem e texto em vinil, com dimensões variadas. O trabalho convida o público a interagir, semeando as espécies e distribuindo os vasos formando palavras no gramado ao redor do pavilhão.

O arquiteto conta que a artista solicitou "uma construção simples, sem expressão arquitetônica, que tivesse uma imagem próxima de um pequeno galpão de jardinagem ou de outra função qualquer". O projeto partiu de uma mesa central e é totalmente aberto, sem portas ou janelas. Elementos pré-moldados de concreto estocam as letras ao mesmo tempo e servem de apoio ao telhado. Em contraposição à cerâmica dos vasos, o pavilhão foi construído com concreto aparente, tijolos pintados de branco, telhas metálicas sanduíche apoiadas em uma estrutura metálica, também pintadas de branco.

Situated on old pasture land in the western portion of Inhotim, this pavilion was created to house the work *A Origem da Obra de Arte* by Marilá Dardot, from Minas Gerais. Originally presented in the artist's first solo exhibition (assembled in the Pampulha Art Museum in 2002), the work consists of ceramic vases shaped as the letters of the alphabet, seeds of 12 species, gardening tools and text on vinyl, of varying dimensions. The work invites the public to interact, sowing seeds and distributing the vases to make up words on the lawn surrounding the pavilion.

The architect explains that the artist requested "a simple building sans architectural expression, which resembled a small shed for gardening or any other function." The design started from a central table and the building is fully open, without doors or windows. Precast concrete elements make up the shelves that store the letters and, at the same time, serve as a roof support. In contrast with the ceramic vases, the pavilion was constructed utilizing architectural concrete, white painted bricks, insulated metal roof panels supported by a metal structure, also painted white.

Pavilhão Marilá Dardot
Local Location Brumadinho, MG
Data do início do projeto Project date 2011
Data do término da obra Completion date 2011
Área construída Built area 108 m²
Arquitetura Architecture Play Arquitetura – Marcelo Alvarenga (autor author)
Estrutura e construção Structure and general contractor Equipe Inhotim
Fotos Photos Leonardo Finotti

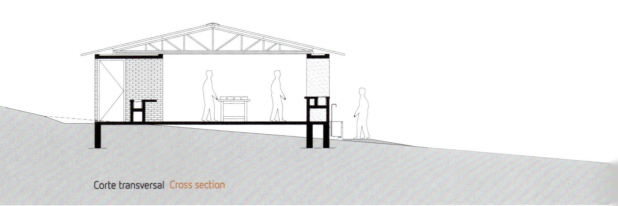

Corte transversal Cross section

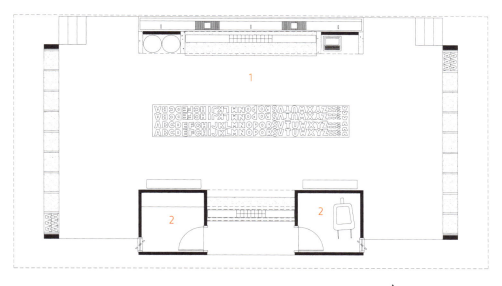

Térreo Ground floor

1. Exposição Exhibition
2. Depósito Deposit

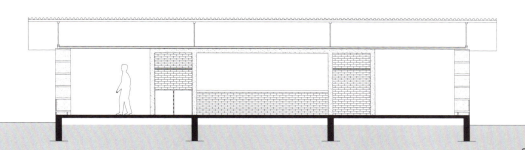

Corte longitudinal Long section

Pavilhão Carlos Garaicoa
(2012)

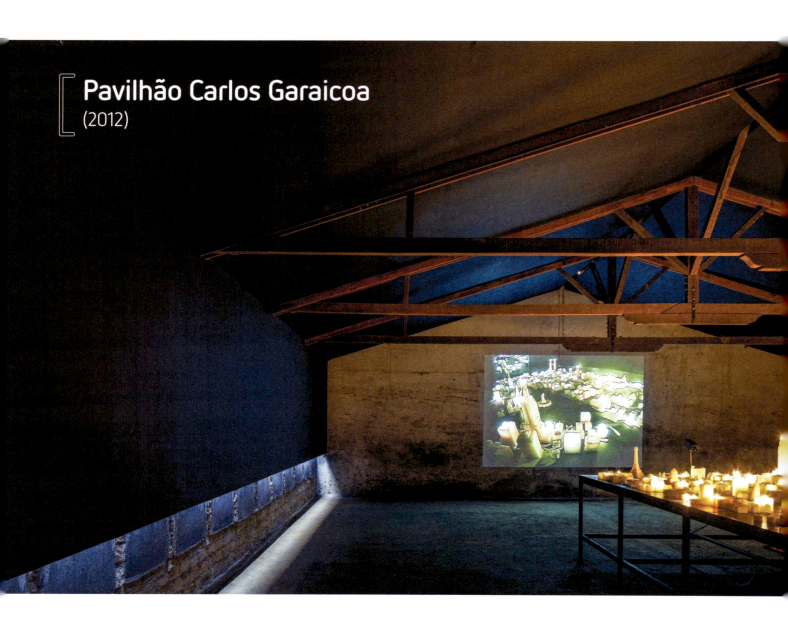

Ocupando o estábulo da antiga fazenda, o pavilhão dedicado ao artista cubano Carlos Garaicoa abriga a obra *Ahora juguemos a desaparecer (II)*, criada em 2002. O trabalho é composto por velas em formas de construções notáveis, como o Capitólio ou a torre Eiffel, por exemplo, dispostas em uma mesa. As velas permanecem acesas e são filmadas por câmeras de vídeo cujas imagens são projetadas numa tela.

O desafio do projeto arquitetônico foi minimizar a entrada de luz natural sem, contudo, perder a ventilação natural. Para tal, foram utilizadas placas de fibrocimento pintadas de preto que envolvem as paredes e a cobertura, fechando os vãos das janelas existentes e cobrindo as telhas. Instaladas a 25 centímetros da parede, as placas permitem ventilação natural. Por outro lado, um rasgo na cumeeira estimula a exaustão do ar proveniente da queima das velas.

O piso original de cimento foi mantido e os cochos existentes e alguns vãos de portas foram fechados com alvenaria. A entrada foi deslocada para uma das extremidades, onde uma antecâmara faz a transição de luminosidade entre dentro e fora.

The pavilion dedicated to Cuban artist Carlos Garaicoa occupies the old farm stable, and guards the work *Ahora juguemos a desaparecer (II)*, conceived in 2002. The work consists of candles shaped as notable buildings, such as El Capitolio or the Eiffel Tower, for example, set up on a table. The candles remain lit permanently and their images, captured by video cameras, are projected on a screen.

The challenge of the architectural design was to minimize natural lighting without compromising natural ventilation. To accomplish this feat, black cement fiber panels were used to enclose the walls and the roof, concealing fenestrations and roof tiles. Installed 25 centimeters from the wall, the sheets allow for natural ventilation. On the other hand, a slit in the roof ridge helps exhaust the air warmed up by the burning candles.

The original cement floor was kept and existing troughs and some doorways were sealed off with masonry. The entrance was relocated to the end where an antechamber allows for a lighting transition between inside and outside.

Pavilhão Carlos Garaicoa
Local Location Brumadinho, MG
Data do início do projeto Project date 2012
Data do término da obra Completion date 2012
Área construída Built area 191 m²
Arquitetura Architecture Play Arquitetura –
Marcelo Alvarenga e Juliana Figueiró (autores authors)
Construção General contractor Equipe Inhotim
Consultoria térmico-ambiental Thermal and environmental consultancy WGN Engenharia Térmica – Wagner G. Noronha
Fotos Photos Leonardo Finotti

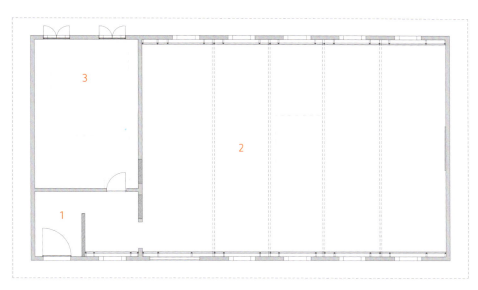

1. Acesso Access
2. Exposição Exhibition
3. Depósito Deposit

Térreo Ground floor

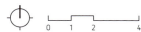
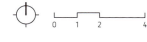

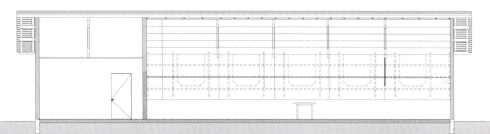

Corte longitudinal Long section

Arquitetos Associados

Arquitetos Associados é um estúdio colaborativo dedicado à arquitetura e ao urbanismo, sediado em Belo Horizonte e com cinco sócios. Bruno Santa Cecília é arquiteto e urbanista (1999), mestre (2012) e doutorando pela UFMG, professor de projeto nos cursos de arquitetura e urbanismo da Fumec e da EA/UFMG. Carlos Alberto Maciel é arquiteto e urbanista (1997), mestre (2000) e doutor (2015) na UFMG, professor na EA/UFMG e foi diretor do Departamento de Planejamento Físico e Projetos – DPFP/UFMG (2010-2011). Alexandre Brasil Garcia é formado pela UFMG (1997); mestre pela Escola de Engenharia da UFOP (2006), leciona na UniBH. Paula Zasnicoff Cardoso é formada na USP (2000), mestre pela UFMG (2007) e professora na UniBH. André Luiz Prado é arquiteto (1998), mestre (2005) e doutor (2014) pela UFMG, professor na UniBH e na EA/UFMG.

1997
* Concurso nacional para o eixo de três praças em Formiga, MG (1º lugar)

1998
* Concurso nacional para o Memorial de Campo Grande (2º lugar)
* Concurso de restauração dos interiores da Fazenda São José do Manso, Ouro Preto, MG (1º lugar)

1999
* Residencial Barcelona, Sete Lagoas, MG (4º Prêmio Jovens Arquitetos) referências references SEGRE, Roberto. *Jovens arquitetos*. Rio de Janeiro: Viana & Mosley, 2004.
* Concurso público da praça Milton Campos, Betim, MG (1º lugar) referências references *Projeto Design* nº 263. São Paulo: Arco Editorial, 2002.
* 2º Prêmio Usiminas de Arquitetura em Aço (3º lugar)
* Praça São Vicente Férrer (Prêmio Ex-Aequo 4ª Bienal Internacional de Arquitetura de São Paulo)

2000
* Concurso Nacional Attílio Correa Lima, Goiânia (1º lugar)

2001
* Residência Paula e Carlos Alberto, Nova Lima, MG
* Edifícios para concentração dos profissionais e categorias de base do Clube Atlético Mineiro, Vespasiano, MG
* Centro de Arte Corpo, Nova Lima, MG (4º Prêmio Usiminas de Arquitetura em Aço, 1º e 2º lugares)

2002
* Novo centro administrativo municipal de Betim, MG
* Residencial Ipê Amarelo, Sete Lagoas, MG (Prêmio Ex-Aequo Obra Construída; Premiação IAB/SP)
* Residência EC, Sete Lagoas, MG
* Residência Ar Scalon, Barueri, SP
* Residência Ville de Montagne, Nova Lima, MG referências references SEGRE, Roberto. *Jovens Arquitetos*. Rio de Janeiro: Viana & Mosley, 2004.
* Residência Retiro das Pedras, Brumadinho, MG
* Edifício residencial Parc Universo, Belo Horizonte
* Concurso público nacional para o Memorial da República, Piracicaba, SP (1º lugar)
* Concurso público nacional para estudo preliminar de arquitetura para a nova sede do Crea/ES, Vitória (1º lugar)

2003
* Intervenções urbanas no centro histórico de Mariana, MG (6º Prêmio Jovens Arquitetos do IAB/SP)
* Prêmio Ideias para o Parque Tecnológico de Belo Horizonte (1º lugar)

cronologia e bibliografia de projetos selecionados
chronology and bibliograph by select projects

Arquitetos Associados is a collaborative studio dedicated to architecture and urbanism; the five partners hold their headquarters in Belo Horizonte. Bruno Santa Cecília is an architect and urban planner (1999), with a master's from UFMG (2004), and is a PhD student, Professor of design in architecture and urbanism courses at Fumec and EA/UFMG. Carlos Alberto Maciel is an architect and urban planner (1997), has a master's (2000) and PhD (2015) from UFMG, Professor at EA/UFMG and was director of the DPFP/UFMG (2010-2011). Alexandre Brasil Garcia graduated from UFMG (1997); master's from the Escola de Engenharia of UFOP (2006), lectures at UniBH. Paula Zasnicoff Cardoso graduated from USP (2000), has a master's from UFMG (2007) and is a professor at UniBH. André Luiz Prado is an architect (1998) from UFMG, where he did a master's (2005) and PhD (2014), Professor at UniBH and EA/UFMG.

Residência F.M., 2006

* **Concurso público nacional de propostas para Santana de Parnaíba, SP (1º lugar)**

2004
* **Projeto urbanístico, plano diretor e parcelamento urbano do parque tecnológico de Belo Horizonte**
* **Centro de treinamento do Clube Atlético Mineiro, Vespasiano, MG**
referências **references** *Projeto Design* nº 294. São Paulo: Arco Editorial, 2004.
* **Residência RP, Sete Lagoas, MG (Prêmio Jovens Arquitetos IAB/SP)**

2005
* **Residência WP, Sete Lagoas, MG**

2006
* **Edifício Parc do Luar, Belo Horizonte**
* **Primeira etapa do edifício institucional do parque tecnológico de Belo Horizonte**
* **Galeria Doris Salcedo, Brumadinho, MG**
referências **references** *Arquitetura & Urbanismo* nº182. São Paulo: Pini, 2009.
* **Centro Educativo Burle Marx, Brumadinho, MG (Prêmio IAB/MG 2010; Prêmio O Melhor da Arquitetura; Prêmio 7ª Bienal Ibero-Americana de Medellin, Equador; 9º Prêmio Jovens Arquitetos IAB/SP)**
referências **references** *Arquitetura & Urbanismo* nº187. São Paulo: Pini, 2009. *The Plan* nº49. Bolonha: The Plan, 2011.

Centro de Arte Corpo, 2001

Edifícios do Clube Atlético Mineiro, 2001

Estúdios Terra 240, 2006

Edifício institucional do parque tecnológico de Belo Horizonte, 2006

Praça da Pampulha, 2007

OLIVERO, Carlo; CASSEL, Lydia. *Worldwide architecture: The next generation.* Turim: Utet, 2010.
* **Estudios Terra 240, Belo Horizonte (12º Prêmio IAB/MG 2010)**
referências references *Arquitetura & Urbanismo* nº189. São Paulo: Pini, 2009.
L'Industria della costruzioni nº416. Milão, 2010.
* **Residência FM, Nova Lima, MG (12º Prêmio IAB/MG 2010)**
referências references *Projeto Design* nº 370. São Paulo: Arco Editorial, 2010.

2007
* **Agenciamento das áreas do entorno da praça da Liberdade, Belo Horizonte**
* **Praça da Pampulha, Belo Horizonte**
referências references *Arquitetura & Urbanismo* nº189. São Paulo: Pini, 2009.
* **Centro administrativo e reserva técnica de Inhotim, Brumadinho, MG**
* **Centro de apoio turístico de Santo Antônio do Monte, MG**

2008
* **Galeria Cosmococa, Brumadinho, MG**
referências references *Arquitetura & Urbanismo* nº201. São Paulo: Pini, 2010. *The Plan* nº49. Bolonha: The Plan, 2011. OLIVERO, Carlo; CASSEL, Lydia. *Worldwide architecture: The next generation.* Turim: Utet, 2010.
* **Galeria Miguel Rio Branco, Brumadinho, MG**
referências references *Arquitetura & Urbanismo* nº201. São Paulo: Pini, 2010. *The Plan* nº49. Bolonha: The Plan, 2011. OLIVERO, Carlo; CASSEL, Lydia. *Worldwide architecture: The next generation.* Turim: Utet, 2010.
* **Grande Galeria, Brumadinho, MG**
* **Projeto modelo para os centros de referência em assistência social/ governo MG**

2009
* **Revitalização da área central de Betim, MG**
* **Reformulação espacial do Teatro Klauss Vianna – Oi Futuro, Belo Horizonte**

2010
* **Redesenho urbano dos corredores centrais de Betim, MG**
* **Revitalização do centro histórico de Santana de Parnaíba, SP**
* **Fundação Logosófica, Nova Lima, MG**
* **Concurso para expansão do Museu do Meio Ambiente, Rio de Janeiro (1º lugar)**

Proposta urbanística da praça da Liberdade, 2009

Rizoma

Criado em 2008, o escritório Rizoma é dirigido por Thomaz Regatos e Maria Paz. Regatos formou-se em 2004 na Izabela Hendrix (Belo Horizonte) e é mestre pela Universitat Politècnica de Catalunya, Barcelona. Na Espanha, trabalhou com Emilio Donato. Tem MBA em gestão estratégica de projetos pelo Centro Universitário UNA, Belo Horizonte. Maria Paz é formada em 2009 pela Fumec, Belo Horizonte, e é mestre pela Universidade Cornell, EUA. Em 2007, trabalhou em Luxemburgo com o arquiteto holandês Jo Coenen.

Created in 2008, the Rizoma office is headed by Thomaz Regatos and Maria Paz. Regatos graduated in 2004 at Izabela Hendrix (Belo Horizonte) and has a master's degree from the Universitat Politècnica de Catalunya, Barcelona. In Spain, worked with Emilio Donato. Has an MBA in strategic project management from Centro Universitário UNA, Belo Horizonte. Maria Paz graduated from Fumec in 2009, Belo Horizonte, and has a master's degree from Cornell University, USA. In 2007, worked in Luxembourg with the Dutch architect Jo Coenen.

2008
* Cachorro-quente, Brumadinho, MG
* Reforma da casa de Bernardo Paz, Nova Lima, MG

2009
* Reforma de apartamento no edifício Niemeyer, Belo Horizonte
* Pizzaria, Brumadinho, MG
* Creperia, Brumadinho, MG
* Loja botânica, Brumadinho, MG
* Proposta urbanística da praça da Liberdade, Belo Horizonte
* Terminal rodoviário metropolitano, Contagem, MG
* Estudo para estação de metrô de Contagem, MG
* Terminal de ônibus urbano de Contagem, MG
* Passarela de integração de equipamentos urbanos, Contagem, MG
* Galeria Inhotim 1, Brumadinho, MG

2010
* Nova recepção de Inhotim, Brumadinho, MG
* Galeria Lygia Pape, Brumadinho, MG
* Restaurante Oiticica, Brumadinho, MG
* Galeria Inhotim 2, Brumadinho, MG
* Gelateria, Brumadinho, MG

2011
* Galeria Tunga, Brumadinho, MG
* Centro de Vivência Inhotim, Brumadinho, MG
* Filadélfia Comunicação, Belo Horizonte

Centro de vivência Inhotim, 2011

Tacoa Arquitetos

Rodrigo Cerviño Lopez é formado pela FAU/USP em 2001. Trabalhou com Paulo Mendes da Rocha. Também é designer gráfico: fez catálogos para a Fundação Bienal em colaboração com Raul Loureiro. Dirige, juntamente com Fernando Falcon (à esquerda), formado no mesmo ano e na mesma instituição, o escritório Tacoa Arquitetos, fundado em 2005 e sediado em São Paulo.

Rodrigo Cerviño Lopez graduated from FAU/USP in 2001. He worked with Paulo Mendes da Rocha. He is also a graphic designer: made catalogs for the Biennial Foundation in collaboration with Raul Loureiro. Heads, with Fernando Falcon (left), graduated the same year from the same institution, the Tacoa Arquitetos office, founded in 2005 and with headquarters in São Paulo.

Concurso para a nova sede do Museu da Imagem e do Som do Rio de Janeiro, 2009

2005
* Galeria Adriana Varejão Inhotim, Brumadinho (Prêmios Rino Levi, IAB/SP, 2008; Prêmio O Melhor da Arquitetura Brasileira, categoria edifício institucional, 2010)
referências references *Projeto Design* nº340. São Paulo: Arco Editorial, 2008. *Domus* nº918. Milão: Domus, 2008. *Arquitetura & Urbanismo* nº182. São Paulo: Pini, 2009. *The Plan* nº35, 2009; *AI* nº31, 2009; *C3* nº296, 4/2009; *d'a* nº188, 2/2010; *Casabella* nº796, 12/2010; *IW* nº78, 5/2011.
* Canil Inhotim, Brumadinho, MG
* Oficinas e reserva técnica de Inhotim, Brumadinho, MG (não executado)
* Casa Ateliê, Brumadinho, MG (não executado)

2006
* Comunicação visual da 27ª Bienal de São Paulo

2007
* Reforma de apartamento no edifício Copan, São Paulo

2008
* Galpão Fortes Vilaça, São Paulo
referências references *Arquitetura & Urbanismo* nº197. São Paulo: Pini, 2010.
* Reforma de apartamento na av. 9 de Julho, São Paulo
* Reforma de apartamento na rua Pedroso de Morais, São Paulo
* Projeto conceito para loja Volunteer, São Paulo
* Restaurante em Higienópolis, São Paulo (não executado)

2009
* Estudo para edifício de apartamentos em Ginga Isabel, Luanda, Angola
* Estudo para edifício de apartamentos em Talatona, Luanda, Angola
* Reforma da residência Américo Marco Antonio, São Paulo
* Concurso para a nova sede do Museu da Imagem e do Som do Rio de Janeiro
* Residência Patrimônio do Carmo, São Roque, SP (Prêmio O Melhor da Arquitetura Brasileira, 2010)
referências references *Arquitetura & Urbanismo* nº198. São Paulo: Pini, 2010; *IW* nº80. Taiwan: IW, 2011.

Galpão Fortes Vilaça, 2008

* Cenografia para evento de moda Vicunha, São Paulo
* Reforma de apartamento Carlos Stein, São Paulo
* Museografia do 21º Panorama da Arte Brasileira, MAM, São Paulo
* Estudo para museu em Ribeirão Preto, SP

2010
* Galeria Fortes Vilaça, São Paulo
* Loja Herchcovitch; Alexandre, Fashion Mall, Rio de Janeio
* Reforma de apartamento na rua Visconde de Pirajá, Rio de Janeiro
* Reforma de apartamento na rua Turiassu, São Paulo

2011
* Galeria Luisa Strina, São Paulo
* Loja Juliana Jabour, Shopping Pátio Higienópolis, São Paulo
* Vila de casas na rua Aspicuelta, São Paulo
* Vila de casas na rua Araioses, São Paulo
* Residência Taruba, São Paulo
* Residência na Quinta da Baroneza, Bragança Paulista, SP

Herchcovitch; Alexandre, 2009

Vila Madalena, 2010

Play Arquitetura

Marcelo Alvarenga é formado pela UFMG em 1995 e possui pós-graduação em design de mobiliário pelo Senac, em 2007. Trabalhou um ano e meio com Freusa Zechmeister, em Belo Horizonte, e por sete anos com Isay Weinfeld, em São Paulo. Recebeu o 4º Prêmio Jovens Arquitetos com o projeto da Casa Bibi e o 10º Prêmio IAB/MG com o projeto da loja Coven. Juliana Figueiró é graduada em 1999 pela UFMG e mestre, em 2007, pela Universitat Politècnica de Catalunya, em Barcelona.

Marcelo Alvarenga graduated from UFMG in 1995 and completed a specialization in Furniture Design at Senac in 2007. He worked for 18 months with Freusa Zechmeister, in Belo Horizonte, and with Isay Weinfeld for seven years, in São Paulo. He was the recipient of the 4th Young Architects Award for his Bibi House design and the 10th IAB/MG Prize for his Coven store design. Juliana Figueiró graduated from UFMG in 1999 and obtained her master's degree in 2007 from Universitat Politècnica de Catalunya, in Barcelona.

Loja Coven, Belo Horizonte (2008)

Casa EG, Nova Lima, MG (2008)

2004
* Casa Cri, Belo Horizonte – com José Ricardo Fois

2008
* Loja Coven, Belo Horizonte
referências references *Arquitetura & Urbanismo* nº182. São Paulo: Pini, 2009.
* Casa EG, Nova Lima, MG
referências references *Monolito* nº11. São Paulo: Editora Monolito, 2012.
* Apartamento J Ed, Curitiba

2010
* Escritório Midras, São Paulo

2011
* Apartamento JK, Belo Horizonte
* Casa LF e J, Lavras, MG – com José Ricardo Fois
* Apartamento M, São Paulo, SP
* Casa ML, Belo Horizonte
* Apartamento PaT, São Paulo
* Loja MM, São Paulo
* Pavilhão Marilá Dardot, Brumadinho, MG

2012
* Apartamento SS, São Paulo
* Galeria Emma Thomas, São Paulo – com Felipe Hess
* Pavilhão Carlos Garaicoa, Brumadinho, MG